好妈妈书架

好妈妈不吼不叫辅导孩子写作业

鲁鹏程 著

机械工业出版社
CHINA MACHINE PRESS

本书针对"如何在家庭中不吼不叫辅导孩子写作业"这一热点话题，为妈妈们提供了很多具体、实用的建议和方法，帮助她们更进一步认清自己吼叫的原因，引导她们更好地处理自己的情绪，和孩子一起重新认识写作业的目的、意义和应有的态度，同时还指出了在辅导孩子写作业过程中应该注意的问题，以及如何为孩子提供具体而实际的帮助，让父母真正把关注点放在如何提升孩子写作业的能力上，和孩子一起成长。

图书在版编目（CIP）数据

好妈妈不吼不叫辅导孩子写作业／鲁鹏程著.
—北京：机械工业出版社，2020.10（2021.10重印）
ISBN 978 - 7 - 111 - 66426 - 0

Ⅰ.①好… Ⅱ.①鲁… Ⅲ.①小学生-课外作业-教学辅导-家庭教育 Ⅳ.①G622.46 ②G782

中国版本图书馆 CIP 数据核字（2020）第 162961 号

机械工业出版社（北京市百万庄大街22号 邮政编码100037）
策划编辑：刘文蕾 责任编辑：刘文蕾 马芳芳
责任校对：炊小云 封面设计：吕凤英
责任印制：张 博
三河市宏达印刷有限公司印刷
2021 年 10 月第 1 版第 4 次印刷
145mm×210mm·8.25 印张·186 千字
标准书号：ISBN 978 - 7 - 111 - 66426 - 0
定价：49.80 元

电话服务 网络服务
客服电话：010 - 88361066 机 工 官 网：www.cmpbook.com
            010 - 88379833 机 工 官 博：weibo.com/cmp1952
            010 - 68326294 金 书 网：www.golden-book.com
封底无防伪标均为盗版 机工教育服务网：www.cmpedu.com

前　言

辅导孩子写作业，回到爱孩子的初心

在很多家庭中，辅导孩子写作业的情景都好像是在进行一场"战争"，似乎不吼出来，不撸胳膊挽袖子，不全家上下大动干戈，不导致孩子甚至父母"声泪俱下"，这个作业就不算是写好了、完成了，仿佛只有我们和孩子给出了"激烈反应"，才能体现出我们对孩子的关心来，这份作业也才算写得有"意义"。

而很多父母在辅导孩子写作业时，都戏称自己是在"渡劫"。有人曾经说："我自己考试、写作业都没这么疯狂过，感觉我怎么努力都不能实现自己想要的。辅导孩子写作业真是屡战屡败，却又不得不战，结果弄得自己疲惫不堪。"

网上也经常会出现一些家长辅导孩子写作业的视频，看着那鸡飞狗跳的场景，我们也是觉得既好笑又心酸无奈。不知道从什么时候开始，辅导孩子写作业变成了一件让众多父母"如临大敌"的事情。

严格来说，辅导孩子写作业，是对孩子自主学习的一种辅助行为。父母原是本着"帮孩子解决一些问题"的想法，或者是"起到一定的督促作用"的认知，以及"做一个关心孩子学习的好家长"的观念，去参与到孩子写作业这件事的。但我们的想法终归是我们的，孩子可能在不知不觉中就超出了我们的预想。比如你以为他应该会做的题，他却不会；你以为应该很容易理解的题目间的因果关系，他却理解不了；你以为完全不应该出错的题，他却犯了错；你以为他应该安心认真地完成所有作业，他却东张西望、丢三落四；你以为他应该集中精力去写作业，他却注意力涣散……

当这众多的"你以为"完全不受你控制地变成了"他却"，眼瞅着自认为可以掌控的孩子变得如"脱缰野马"，就这么在你面前如此"肆意妄为"，相当于在惹怒你的边缘疯狂试探，且屡屡试探"成功"，此时父母不吼叫，真的是对不起自己的"脾气"。

然而，你吼叫之后，孩子的状态并没有什么好转。 就像一位妈妈吼叫之后问正在哭泣的孩子："你哭什么啊？这么简单的题你哭什么？"孩子掉着眼泪也没好气地回应说："吓得呗！"

你看，吼叫并没有什么好作用，反倒让孩子害怕了，产生了负面情绪。人一旦有了情绪，做很多事情都会受到情绪的影响，更加没法好好继续了。

心理学上有一个情绪 ABC 理论，A 代表诱发情绪的事件，B 代表个体对于这个事件的看法或解释，C 则代表因这件事而产生的情绪和行为的结果。从 ABC 的关系来看，C 是 A 的结果，可实际上，是不是真的会出现 C，最关键的还要看 B，也就是要看个体自身对这件事的想法。

A 是一种客观存在，C 是一种自然发展，只有 B 是我们可以完全掌控的，这也正是"同是半杯水，有人悲观所剩不多，有人乐观还有剩余"的原因。

提到这个理论，其实是为了让你意识到，境由心转，很多事情虽然发生了，但只要你能控制好情绪，那些因为情绪而产生的不良后果都是可以规避的。

写作业也是同样的道理。孩子不过就是写个作业，你也不过就是辅导个作业，事情的起因发展并不复杂，本也并不需要大吼大叫去应对。就像解绳结，使劲向两头拽，你用再多力气都不管用，还容易拽断绳子，但如果你找到了系结的方式，然后顺势用巧劲反推，找到合适的方法巧用力、用巧力，绳结很快就能被解开。辅导孩子写作业更是如此，孩子的每个不如意的表现都有原因，找到原因，有的放矢，问题总能顺势解决。

有人可能会说，事情不发生在自己身上永远都"站着说话不腰疼"，这话没错，因为这世上本就没有什么真正的感同身受。可是提及这些，终究是希望我们每个人对这个现象能够有所重视，而且我们就这么甘愿整日将孩子写作业这件事变成"战场"吗？就必须整日吼叫才行吗？我们是辅导孩子写作业，一定要弄得两败俱伤吗？当然不是！

虽然没有人能与我们感同身受，但我们仍要有自我探索的精神，主动寻求改变。通过阅读这本书，反思自己的行为，尽可能地改变原有的"动不动就吼叫"的冲动，当有一天开始不再吼叫、慢慢解决了问题，也就算是有了进步，日积月累，就会有大的改观。这里，我们也可以联系一下古代思想家、哲学家老子的话，"道生一，一生二，二生三，三生万物"，这不仅是讲解大宇宙生成的理论，放在我们任何一个人的生活小事上，同样适用。当好习惯成了自然，坏习惯自然也就被摒弃了，继而你的好习惯就会帮你在家里建造一个更为和谐快乐的"家庭小宇宙"。

再回到孩子写作业或学习这件事上，我想讲一个我自己总结的"穿越理论"。什么意思呢？就是当我们面对那个淘气、不听话、总是惹我们大吼大叫、忍不住发脾气的孩子时，我们可以试着"穿越"一下：第一种穿越方式，就是从未来穿越到现在，假如我们以80岁、90岁的人生阅历、人生视角回到现在再看孩子，我们会发现孩子真的很可爱，真的很想留住时光；或者从现在"穿越"到未来80岁、90岁，就会感觉现在孩子淘气、不听话、不爱写作业等，都是浮云，因为那时的你，心中满是慈爱。第二种穿越方式，就是从现在"穿越"到过去孩子刚出生的那一刻，我相信那一刻的你除了期待孩子一生健康、平安，别的什么期待都没有，当你第一眼看到那个刚出生的健康可爱的孩子，你一定有满满的幸福感。可为什么，几年后、十几年后的今天，你当初的幸福感荡然无存了呢？不仅如此，你竟还如此看不上自己的孩子？因为当年你心中有爱。所以，只要我们心中充满爱，孩子一定很可爱。可见，不是孩子惹得你生气，而是你自己的初心"变"了，难道不是这样吗？

　　有了这样的"穿越"，你又会怎样看待辅导孩子写作业这件事呢？是不是小事一桩？是不是小菜一碟？是不是觉得有点好笑？值得大动干戈吗？

　　如果你还没有消气，那就继续读这本书吧！那么如何来使用这本书呢？在本书中，我们可以站在相对客观的角度来看待家庭中的"作业战场"到底是怎样的，孩子会有怎样的表现，我们又会有怎样的应对，通过这种直面性的观察和思考，来看看这种吼叫式辅导的弊端。同时书中也会详细介绍导致孩子作业出问题的种种原因，并根据不同情况来给出相应的建议，比如对拖拉磨蹭、注意力不集中、习惯养成等情况都有提及。同时，书中也对这些情况给出了相对客观的建议和意见，以帮助我们思考和完善自己的辅导行为。

辅导孩子写作业，原本就不是一件需要"轰轰烈烈"才能做成的事情，我们越是心平气和才越能换来孩子天天向上，他能够从这份安宁中获得学习上的收获，形成好习惯，而我们则能从这份平静祥和中收获孩子的成长，家庭的幸福。

鲁鹏程

2020 年 7 月

* 若您想直接学习辅导孩子写作业的方法，请从第二章开始读起。

目　录

前言　辅导孩子写作业，回到爱孩子的初心

01

吼叫式辅导

——"硝烟四起"的家庭作业战场

　　辅导孩子写作业的场景就像"战场"，吼叫、拉扯、哭泣，纸笔、书本四散飞扬，写作业的孩子委委屈屈，辅导作业的父母则暴跳如雷，这的确是个不可思议的场景，但很多父母的确是在不知不觉中就"参战"了。

写作业时没有"母慈子孝"，只有"鸡飞狗跳"？

　　辅导作业，原本是一种自然而然发生的亲子日常互动，本应是充满"关爱""指导""爱护"的行为，体现的是我们对孩子学习的关心。可是从种种事实来看，辅导作业也可能引发一桩又一桩的"人间悲剧"。

　　来看两则新闻报道。

　　第一则：

　　陕西一位妈妈在家里辅导儿子写作业，但儿子显得非常不用心，还在怀着二胎的妈妈压抑不住自己的怒气，直接上手打了儿子的脑袋。

　　第二天凌晨4点左右，妈妈发现儿子开始呕吐，紧急送医后，儿子还是不幸去世了。经过法医鉴定，发现儿子是因为生前遭受钝性外力多次击打头部，导致蛛网膜下腔出血后呕吐，呕吐物被误吸入呼吸道而引发阻塞窒息死亡。最终法院经过审理，认定这位妈妈的行为触犯了刑法，构成过失致人死亡罪，被判处有期徒刑三年，缓刑三年。

第二则：

湖北一位妈妈给上小学三年级的儿子辅导作业，在一道数学题上，妈妈反复讲解了很多遍，儿子就是不开窍，妈妈感觉自己快要气炸了。

近一年时间里，这位妈妈一直都在给儿子辅导作业，没少因为这件事生气。这一次，在气头上的妈妈忽然觉得自己的心脏非常不舒服，赶紧去了医院，经过检查才发现，她竟然因为生气诱发了心梗，所幸及时去了医院，这才没造成更大的后患。

这两则新闻，前者说的是妈妈一怒之下要了孩子的性命，后者说的是妈妈一怒之下差点断送了自己的性命。在辅导孩子写作业这件事上，当真就这样充满"凶险"吗？

事实证明好像的确如此，也许就在你家，也许就在与你一墙之隔的邻居家，正在上演着"鸡飞狗跳"的辅导孩子写作业的场景。比如：

有因为孩子写作业拖拉，对孩子发怒把自己气到中风的妈妈；

有陪孩子写作业，气得心梗住院，还做了两个支架的妈妈；

还有因为陪孩子做作业，结果愤怒地捶桌子导致手部骨折的爸爸；

更有因为孩子不好好做作业，一怒之下咬伤孩子的爸爸。

……

写个作业而已，却不知道是经历了怎样的"交手"，让原本温馨美好的亲子关系发展到了以命相搏的地步。至少在辅导作业的这十几分钟或几十分钟里，你内心的感受是与"母慈子孝"完全脱节的。就像有的妈妈说："我'慈'不起来，写出这个样子的作业，让我只想崩溃，恨不得扒开他的脑袋，往里面灌知识。这么简单的东西都不会做，我真是每一分钟都看他不顺眼。"

至于说摔作业本、扔书，或者扔手里能拿到的所有东西，这就更是"作业战场"的"标配"了，孩子缩脖子躲避，妈妈上手拉拽，甚至是追着打，这也真是典型的"鸡飞狗跳"的场景。

其实所有父母内心中，都有一个非常理想的辅导作业状态，尤其是妈妈，女性细腻的思维会让自己对这个场景的理想化程度更高：

孩子认认真真地写，我安安静静地在旁边或看书或做点别的事，微笑着陪伴，看着孩子因为一个问题皱了眉，我觉得很可爱，等他来询问，我点拨一二，他恍然大悟，不好意思地笑笑，然后将问题解答出来，作业完成后我给他一个大大的拥抱，肯定他的努力与进步……

事实上，辅导作业原本就是一件积极正向的事，是促进孩子进步的事，同时也是促进我们教育能力提高的事情。也许孩子在作业上的种种"奇葩"问题频现的确是引发我们情绪的诱因，而不因这样的诱因就轻易"中招"，考验的是我们做父母的智慧和能力。

归根结底，辅导孩子写作业时出现的这种"战场"，我们还是要多在自己身上找原因。因为除非孩子是一点就透的"神童"，否则就绝大多数普通孩子而言，在学习方面出现一些挑战几乎是必然的。孩子势必会遇到问题，而我们也势必要去帮助他们解决问题。

很多父母一遇到问题总是忍不住愤怒、吼叫，而一旦愤怒，就会进入一个僵局——孩子的问题就那么"明晃晃"地摆在那里，我们无休止地揪着这个问题而吼叫，孩子因为我们的怒气变得诚惶诚恐，没有更多精力去思考如何解决问题。这是在做什么？像不像孩子、问题和我们的"三方对峙"？可结局呢？谁能赢？没有赢家。在这样的对峙中，只有我们是最有破局可能性的那一方，如果我们不知道去调整，去想办法，这个僵局就会进入一个恶性循环。

所以，我们也是时候该好好想想了，就辅导孩子写作业这件事，到底应该采取怎样的方法来扭转当下的局面？又应该怎样让家庭远离"鸡飞狗跳"，还家庭生活一个正常的状态？哪怕是为了全家上下的平安着想，为了避免更多的"人间悲剧"发生，我们也应该从这个局里跳出来，努力做一个理智的教育者！

孩子总是那个"节节败退的受气包"

这是一个非常奇特的现象：

在大部分时候，父母会强调"孩子是独立自主的""要尊重孩子""要给孩子以爱"，会把孩子看成是一个独立的个体，即便是教育孩子，也多半都能表现出一副"苦口婆心"的样子来，也都能说出一堆大道理。

但到了辅导作业时，孩子在父母的眼中就会变成一个附属品，可以被随意定义，也可以被随意说教，而且父母还认定不论自己说了什么，孩子都应该"受"着，毕竟自己是"为了他好"。更何况，在辅导作业这件事上，成年人多半都会认为自己就是站在"权威且正义"的一方，看孩子满眼都是错，自然也会显得理直气壮。而孩子本就是处于被教育的位置，再加上被不断指出作业过程中犯下的错误，所以孩子内在的力量就被压制了，就会表现得很没有底气。如果妈妈再用吼叫甚至责骂的教育方法，他也就更加没了"还手之力"。所以，我们就总能看到一种力量悬殊的对抗，父母自然是"威力无穷"，而孩子也就成了那个"节节败退的受气包"。

想想看，成年人与孩子之间的"对抗"，一旦成年人"火力全开"，孩子可不只有节节败退的结果吗？可孩子是真的心甘情愿地受气吗？显然不是。

某网站上有一段小视频，显示一位爸爸正在指责自己的女儿，因为她写作业不认真，便说她不如旁人。

爸爸质问女儿："你为啥学习不好，你是没捞着好吃的还是没有好穿的？是没有笔还是没有本子？"

结果女儿哭着回了一句："我没有个好爸爸。"

爸爸对这个回答很无奈，直说"让妈妈来教你"，自己也懒得再说了。

接下来女儿则细数了爸爸一系列的"不好"，认为爸爸总是觉得别的小朋友好，还说："他觉得别的小朋友好，就去当别的小朋友的爸爸。"

在女儿看来，别的小朋友之所以那么好，是因为有父母陪伴，而爸爸对自己陪伴得太少了，并告诉爸爸"学习也是一点点好的"，语气中充满了无奈。

视频中的爸爸没有看到孩子在学习过程中遇到的真实困难，认为"学不好"就是"没好好学"，别人家孩子能学好，自己孩子也应该能学好。让孩子有如此难过的感觉，足见这位爸爸给孩子造成的"杀伤力"。孩子的哭诉也许会引发爸爸的思考，但也有很大的可能只是让爸爸觉得孩子是在无理取闹，否则他不会说出"让妈妈来教你"的话，同时这也表明，他已经无计可施了。

从这个事例来看，在辅导作业的过程中，若不能采取正确的方法，是没有赢家的。孩子哭诉之余会很无奈，而成年人却因为成熟独立而拥有更多选择。因此，改变要从父母自身开始。

所以，换个角度去看待这个问题，不要总想着必须要赢过孩子，从解决问题的角度出发，先帮助孩子将关注点从"爸爸妈妈会训我"这上面拉开，让他能够注意到自己应该如何更有方法、更有学习动力，最终更能努力进步，这才是我们辅导作业的真正目的。

吼叫式辅导让家充满窒息感

辅导作业这件事，有时候就像是一个"开关"。

没有辅导作业时，我们眼中的孩子是一个鲜活的人，有优点也有缺点，是集可爱与淘气于一体的。可一旦开始辅导作业，孩子的其他所有特点都神奇地被我们屏蔽掉了，眼中可见的就只剩下了他"不好好写作业"这一点，我们当然也就很难有什么好脸色。

但这是只有辅导作业的人才会有的情绪反应吗？并不是。在一个家庭中，一人的情绪往往可以影响到全家，尤其是妈妈的情绪，更是对孩子影响极大。

这里我们就不得不提一下心理学中的"踢猫效应"了：

一家公司的董事长有一次因为超速驾驶而被警察开了罚单，结果导致那天他上班迟到了。气愤之极的董事长就将气撒在了销售经理身上，他把销售经理叫到办公室狠狠地训斥了一番。

挨了一顿训的销售经理也憋了一肚子气，回到自己的办公室就对秘书好一番挑剔。

平白无故受到牵连的秘书也觉得窝火，于是，就开始找电话接线员的茬儿。

接线员受到数落后，回到家也依然心情不爽，只得对着自己的儿子大发雷霆。

儿子莫名其妙地就受了一顿训斥，自然也恼火不已，最终无处撒气的他，对着家里的猫狠狠地踢了一脚。

猫很害怕，就逃到街上，正好一辆卡车开过来，司机赶紧避让，没想到却把对面驶来的小车给撞了，而那个小车司机正是前面那家公司的董事长。

它的基本故事情节用一个图示来描述就是这样的：

家长"间接" → 骂孩子 → 孩子有情绪 → 去踢猫 → 猫吓得 → 影响司机 → 撞上了
被董事长骂　　　　　　　无处发　　　　　　跑上街　　　　　　董事长

　　猫被踢了，是猫的原因吗？当然不是。孩子被吼叫了，就一定是孩子的原因吗？当然也不一定。董事长不高兴，由此引发的一连串情绪反应，最后又回到了董事长这里。想想看，这个董事长会意识到自己被撞竟然是因为自己没处理好情绪导致的吗？这个情绪源或情绪链，是很难被意识到的。但在现实生活中，就真的有这么巧的事情发生！

　　"踢猫效应"所描绘的，就是一种典型的情绪传染。那么放在家庭中来看，如果我们选择了不恰当的辅导作业的方式，引发了自己情绪的震动，就相当于在家里按下了情绪反应键，全家人原本安静祥和的状态就被破坏掉了。

　　我们不妨来想象一下这个场景：

　　妈妈辅导作业的时候，对孩子颇为不满，开始吼叫。妈妈的坏情绪可能会有两种发展趋势，一种是其他家人觉得妈妈这样做不好，过来劝说，结果也同样被吼叫，家庭气氛瞬间凝重；另一种发展则是，其他家人并没有干涉，但妈妈开始无差别"扫射"，进入了"看什么都不顺眼"的模式，不论其他人做什么，都可能会被挑出错来。如果真的不小心犯了错，那更是会被妈妈一句"大的小的都不省心"来直接开怼。

　　由此一来，全家上下都陷入了这种莫名其妙的负面情绪中，为了不被妈妈的坏情绪继续"攻击"与牵连，全家人接下来可能就会进入"小心翼翼"模式，生怕哪一步没走对再触雷。而这种小心翼翼，使得很多事没法放开手去做，都在顾及情绪这一件事，其他事可能就会被影响和耽搁。

一定会有人给自己这样的行为列出原因来，"他要是好好做，我能那么生气吗""那么简单的题都出错，当然要说""我也不想发火的，可是他太气人了"……大家可以说出很多理由来"证明"自己的生气并不是随意而为，可是这种"孩子惹到我，我才生气"的结论，真的站得住脚吗？

我们来换个角度捋一捋。

孩子其实一直在按照自己的节奏发展，正因为他处于成长期，所以才会不断犯错，可能有些错的确很可笑，可能有些错的确"不应该"，但这就是孩子自己的成长进度，就是他自身的发展水平，并没有哪个孩子是想要故意去气父母的，他只是正常地将自己现有的状态展现出来而已。可父母却始终不能对他满意。

不要说是孩子惹你生气，可能是你对孩子心生不满，是你觉得过不去内心那道高高的水准线，是你觉得孩子"不应该犯错"。现实与理想出现了差距，才让你产生了情绪，最主要还是因为你无法掌控自己的情绪，遇到问题时缺乏理性分析与处理的能力。

我们应该渐渐意识到，孩子是需要引导、纠正和帮助的，我们要把教育重心放到如何引导孩子变得更好上去，而不是整日制造给自己预警也拦不下来的崩溃。

如果发现自己维系不住表面的平静，那就警觉起来，及时按下暂停键。因为你还有更多其他可以做的事，比如，做点自己喜欢的事来转移、缓释情绪，换个角度去看待孩子的问题，学习接纳、包容、理解孩子，注意辨识并及时对孩子的情绪信号给出回应，让自己省思蜕变……这些事无论哪一件，都比单纯发泄情绪有用得多。所以，多做有用的事，让自己花出去的时间和精力更有意义，这才是我们在辅导孩子写作业过程中需要切记的。

你是否陷入了"吼叫式辅导"的"恶性循环"？

如果不加以干涉，吼叫其实会引发一个非常简单粗暴的"0"和"∞"的关系，也就是要么你从不吼叫，可一旦你吼叫过一次，那么日后你的吼叫就可能会成为习惯，并逐渐在你的生活中无处不在。

如果这个习惯被你在不知不觉中引入到对孩子的学习辅导上来，那么你很快又会进入到一个由吼叫而引发的"恶性循环"中。

为什么说这是一个"恶性循环"呢？可以通过一个关系图来理解：

有的人可能会说了，"谁说没解决孩子的问题了？我那只是生气，吼两声，问题都讲清楚了！可是下次他在别的地方又犯错了，还不许说了？"

如果你也这样认为，那意味着你还是没有抓住问题的关键点。

这个关键点，恰恰就在"你吼叫应对"上。但相对应的，如果你意识到了自己的吼叫是不妥当的，开始反思，尝试调整，你就会逐渐跳出原来的吼叫式怪圈，和孩子一起去真正解决问题，而在这个过程中，孩子的学习和生活都将朝着积极的方向发展，你的教育水平也会有可喜的进步。

是时候好好审视自己了，不要总把问题都归结到孩子身上。

遇事就吼叫这个坏习惯，是我们需要多加注意的。有人可能会说，"我只在孩子的问题上吼叫"，其实不然，如果你仔细回忆一下，就能发现吼叫是你处理问题的一种方式，你可能会在处理很多事情时选择吼叫。尤其是妈妈们，思想和情感本就细腻丰富，更习惯于发泄情绪，大声吼叫，因为孩子对于你来说是一个相对弱势的人，他在很长一段时间里都需要依附于你，你又认为吼叫很管用，所以你对孩子的吼叫也就习以为常了。

当然，我们不能只看到"对孩子吼叫"这个表面现象，而是要做更深层次的思考。要从自己的角度入手，学会掌控情绪；也要从孩子的角度入手，认识孩子成长的规律，还要从提升自我能力的角度入手，不断拓宽教育的思路。

另外，要提防自己"讳疾忌医"，不要逃避你的确存在很多不足这个现实。吼叫并不意味着你高高在上颇有威严，相反，它其实只会证明你没有更多的能力。这个"恶性循环"的存在，从另一个角度来说也是给了你一个突破自我的契机，帮助你更清晰地认清现实，只要及时开始付诸行动，你就能更快地跳出恶性循环，同时也有助于孩子更好地发展。

火冒三丈—— 辅导个作业而已，你的火气从何而来？

面对鸡飞狗跳般的辅导作业经历，一些妈妈可能会陷入纠结中，"辅导孩子写作业，到底该怎么做？""怎么每次一面对孩子的作业，我就忍不住要发火？"有时在这火气刺激之下都不知道会做出什么出格的事来。

曾有新闻报道，上海一位妈妈在家辅导儿子写作业时，与儿子发生了冲突，一气之下，妈妈选择跑去跳河轻生。面对前来援救的消防员，这位妈妈情绪崩溃地大喊："不要救我，我真的太累了。"消防员只得一边劝解一边展开营救，好在最终这位妈妈被成功救上了岸。

还有一位妈妈把爸爸辅导孩子写作业时的一段崩溃的话发上了网，视频中的爸爸极其无奈地说："明天我把你的老师统统拉黑，我晚上做梦的时候都梦见你的老师在我床前站了一圈，都跟我要作业，连体育老师都来了。"

不难发现，辅导作业导致很多父母情绪崩溃，当看到有人提议"减少父母陪孩子写作业的任务"时，众多父母纷纷举双手赞成，连呼只有这样才能"痛快"。由此可见有很多父母对"辅导孩子写作业"这件事已经心生畏惧，以至于将期待放到了教育决策上。

与此同时，我们也不妨问一问自己，不过就是辅导孩子写作业这么一件小事，怎么都控制不住的火气到底是从何而来呢？

一定会有人会这样说，"都是因为孩子不好好写作业，所以我才这么生气的"，然而"孩子会遇到问题"这是事实，为一个既定事实而恼火，其实是在推卸责任，掩饰真相。只有你才能决定自己要不要发火，所以还是想想看这些火气的真实来源到底是什么吧！

第一，内心期待太高。

对于很多事情，我们都习惯在自己内心去设定一个期望值，比如期望孩子能够认真地、按部就班地完成作业；期望他的作业不会出问题；期望他能自觉地为自己负责。

期望可以有，但不要一上来就设定这么高的期望值，否则就像俗话说的，"期望越大，失望越大"。很多时候你之所以吼叫，无非就是孩子写作业的表现，与你所期望的标准相去甚远甚至背道而驰，于是你体验到一种巨大的落差，这才忍不住想要发泄。

第二，对孩子缺乏了解。

缺乏了解，包括你对孩子本身的了解，以及对孩子所学内容的了解。

缺乏对孩子本身的了解，这是很多妈妈都可能存在的问题，因为忙于工作，可能会对孩子疏于关心，尤其在一些细节方面，比如孩子对学习的认识、对知识的理解、对上学这件事的感受等，如果你忽略了孩子那些细微的心理变化，忽略了他由此导致的行为变化，那么当他出现问题时，你可能就会一头雾水，找不到原因，也就不知道应该怎么做。

还有一种可能是你脱离了孩子的成长过程，你总是把孩子看成是幼儿，或者总是用超前的想法对待他，违背了孩子的成长规律，自然适得其反。

缺乏对孩子所学内容的了解，这也是很多妈妈会忽略的一点，一年级的孩子到底在学什么？三年级有哪些知识变化？六年级与初中之间是不是有什么联系？辅导孩子学习，不是去监督他有没有写错字，也不是总提醒他"你这里算错了"，而是要了解他的学习进度，知道他每天都学到了什么，掌握到什么程度……这样辅导才能更有针对性，否则你只是在舍本逐末，和孩子在细枝末节上纠缠不休。

第三，自身能力的不足。

虽然看似是在对孩子吼叫，其实从另一个角度来说，你也在发泄对自己的不满。

有一位妈妈曾经非常无奈又"无辜"地说："我之所以吼叫，是因为我实在想不出来也找不到一个简单有效的方法，能让孩子明白我在说什么、他又应该怎么做，我感觉我心平气和地表达一点用处都没有，不吼孩子根本听不进去，我也觉得憋气。"

自身思考问题、分析问题、解决问题的能力存在不足，自我感觉真是白白长了这些年，应对眼前这个才几岁、十几岁的孩子就那么束手无策，这种深深的矛盾感，恐怕才是很多妈妈不得不吼叫的一大根源。

当我们能深刻认识自己的"火气"到底源自于哪里，就可以好好地规避吼叫式的管教了。毕竟我们的目的都是为了让孩子能够更好地成长，那就趁着他这大好的"可塑期"，好好地帮助他吧！

辅导孩子写作业，到底是谁的事儿？

对于辅导孩子写作业这件事，很多父母操心的是"我该怎么做才能让孩子的表现令我满意"，但还有一部分父母可能会抱怨"凭什么要我来遭这份罪？"

尤其是很多妈妈会有这样的想法，因为在相当多的家庭中，"男主外，女主内"，教育孩子的责任更多地落在了妈妈肩上。

也正是这样的一种分工模式，使得很多妈妈自认为经历了要比爸爸多得多的"磨难"，因为自己几乎每天都要"登陆"辅导作业这个"战场"，日日"厮杀"也真是让人身心俱疲，再加上每天还有自己的工作和大量家务，妈妈要扛起的重担也着实不轻。

于是有的妈妈便会觉得相当委屈，不时对爸爸或者其他家人抱怨："这孩子是我一个人的吗？为什么只有我自己辅导？你们也应该分担一些责任。"

然而其他家人又是什么情况呢？

多数爸爸是"主外"的那一位，与孩子的关系本就不如妈妈更亲密，所以你会看到很多类似于"爸爸给我开家长会，都不知道我已经上初中了，他去的是小学"这样的笑话。爸爸对孩子的了解相比较于妈妈会更少，对孩子的辅导也更加不知道从哪里下手。

尤其是有的爸爸会认为，"我每天在外奔波劳累，已经很是劳心费力了，回家之后我也没有足够的精力去管教孩子。我说多了孩子也不听，还是妈妈的教育更能起到作用。"这也是一种无奈的现实。

除了爸爸，你还可能会希望家中的长辈来帮忙。但祖孙之间的相处，恐怕就更加不好把控。想想看，你和孩子尚且会有代沟的存在，祖孙之间的代沟可能就更深，而且由于年龄关系，很多祖辈对于新知识、新技术的接受程度没那么高，可能与孩子的学业存在脱节的情况。他们更擅长于养，而不是教，对于孩子的作业，也会感到力不从心。

看到这里，是不是有的妈妈觉得更崩溃了呢？

其实大可不必这样，我们应该这样来理解辅导作业这件事：

每位家长其实都有辅导孩子写作业的义务，这个责任并不是固定在一个人身上的，而且我们每个人都并不只有"家长"这一种角色，教育孩子只是每天众多事情之中的一件，如果没有时间或精力不足的时候，就需要换一个人来做这件事。所以，不论是父母还是其他长辈，都应该做好这个准备。

这里"全家人做准备"的意思，是为了轮番接替，而并不是要求全家人齐上阵，辅导孩子写作业，尤其不能好几个人都围着，若是谁都过去说两句，有几个还吼两声，孩子写作业的环境就会被完全破坏，更加不利于问题的发现与解决。

应该本着"谁有时间精力，谁就主动去承担"的原则去辅导孩子。当然父母自然是要承担这个责任的主力，是辅导孩子写作业的"主体"，长辈的帮助，只能是在一些简单的作业内容比如监督阅读的时候发挥作用，不要对长辈有太多的要求。爸爸应该多体谅妈妈一些，在自己有精力的时候，最好分担一下辅导孩子写作业的责任。

在辅导前全家人最好达成统一认知：父母要尽量多学习一些教育方法，做好知识储备，祖辈也要多了解当下的教育趋势。这样再辅导孩子时，因为全家都能齐心协力，有理念有方法，会更容易应对。

02

先别急着吼，

发现孩子"嫌弃"作业背后的原因

　　心理学中有一个"刻板效应"，意思是总结出一群人的特征，并将其强加到这个群体中的每一个人身上，而忽略个别差异。对孩子写作业这件事，我们可能也有类似的"刻板效应"。事实上，我们可能经常给孩子贴标签——"他就是不爱写作业"。凡事皆有因，所以别急着吼，还是要先弄清楚孩子为什么会对作业如此嫌弃。

不爱写作业——可能是对作业的认知有偏差

　　一个人如果置身于隧道之中，那么他所能看到的就只有一个前后都非常狭窄的通道，只有走出隧道，才能有机会看到更广阔的天地，这就是"隧道视野效应"。你的思路放置在怎样的高度、广度，决定了你是不是能真正地见识到更多、走得更远。

　　拿写作业来说，孩子为什么会在这件事情上出那么多问题？其实无非就是他对写作业这件事的认知出现了偏差，他的眼光、思路放错了地方与方向，这就导致他并不能正视写作业这件事。比如：

　　有的孩子认为，"作业就是写给妈妈看的"，因为"妈妈看见我在写作业，就觉得我在认真学习"，或者"妈妈看见我在写作业，就会夸我"，这就使得孩子将作业与妈妈的态度联系在一起，他更关注妈妈是不是开心，而不是自己到底有没有从作业中学到什么。

也有的孩子认为，"学的这些我都会了，就不需要写作业了"，所以认为作业是可有可无的，觉得是在做"无用功"。

还有的孩子觉得"作业不过就是完成任务"，只要写完了就行了，管它是怎么写的呢，于是就开始抄别人的作业甚至是找人代写。

当然也有的孩子觉得作业太简单，不想写，而另一部分孩子则觉得作业麻烦难写，同样也不想写，作业变成了烫手的山芋。

······

当孩子对作业的态度总是偏离"认真负责"的正轨时，他的行为便会受到影响，导致他无法正确对待学习。简单来说，每个讨厌写作业的孩子都有各自的原因，如果不能找准原因，"对症下药"，就无法转变他对作业的态度，也很难改变他不爱写作业的行为。所以，不能只是单纯关注"孩子不好好写作业"这个表面现象。

也有妈妈会强迫孩子必须改正，但这样一来妈妈和孩子都不好受。

对妈妈而言，辅导作业的能力可能并不强，此时再强迫孩子去改正，无疑会难上加难。所以，就不得不面对双重难题，既要去抓孩子写作业过程中诸如粗心、学不会等关键性问题，还要在意他是不是真的听了话，是不是按照妈妈说的去改正了，这显然会让她更加心力交瘁。

对孩子而言，就算他按照妈妈的设想做出了改变，多半也并非情愿，而是出于"如果我不改，妈妈就会生气，我就会遭殃"的考量，所以口服心不服。他内心对原有问题并没有深刻认识，只是知道"妈妈不喜欢我那样做"，但却并不明白为什么不能那样做，为什么要改，最终效果可想而知。

如此看来，我们应该更关注孩子内心对于写作业这件事的认知，从他错误的理解上下手，让他从内心深处理解到底怎样做才对自己的学习更有帮助，引导他产生主动改正的意识，而我们也会从这个过程中意识到什么样的教育方法是适合的，才是能让双方都受益的做法。

适应能力差——也许是真的跟不上学习进度

生物若想要在某个环境中生存下去，就需要具备一定的适应能力。放在人类社会中来看，每个人也同样需要具备适应能力，才能在不同环境中更好地学习、工作和生活。

孩子也要有很好的适应能力。从幼儿园进入小学，就是孩子生活中一个很重要的环境转变。有的孩子不能认真对待写作业，也许就是对环境不适应导致的。

在幼儿园，孩子的整体感觉是自由的，没有太多的规矩约束，每天以玩为主。但从上小学开始，他就开启了真正的学生生涯，环境里的种种规矩、要求会增加，所学的知识和技能也大量增加，这就要求孩子必须从过去散漫的环境中脱离出来，进入一个充满规矩和更多教导的环境。

这会让很多已经习惯了自由的孩子感觉相当不适应。比如，每天都有作业，简直就是一道约束他们的枷锁，不能痛快地想玩就玩，如果不做作业还要受到批评。

如果不能快速适应环境变化，上学这件事就会给孩子留下不美好的印象，他可能不愿意写作业，也很难将作业与学习联系起来。

而调整孩子的状态，引导他快速适应学生生活，就成为我们重点关注的内容。要在孩子上小学前或上小学之初就培养他的各种好习惯，包括生活条理性、每日阅读、按时写作业等。父母今天努力付出，是为了明天得体退出。

第一，提前调整孩子的各种习惯。

从一个环境转换到另一个环境中，孩子需要有一个适应阶段。如果你从孩子进入小学第一天才开始进行习惯调整，那么他就不得不在学习的过程中去适应，其精力就会被分散，而等他适应了，学习进度也已经被落下，这就会导致一系列问题。

所以，应该提前帮助孩子调整习惯，比如生活作息需要调整成小学生的作息；改变孩子随时吃、随时睡、随时玩的习惯，把吃饭、睡觉都变得更有规矩、有规律一些。

当然，如果提前没做这项工作，那就在孩子进入小学初期抓紧调整。

第二，给孩子打好学生生活"预防针"。

孩子准备上小学了，并不意味着你可以直接把他"打包"交给老师，一些必要的内容，还是需要你来给他讲解清楚，让他提前有个心理准备，这样他才不会被"突变"的小学生活所冲击。

在孩子还未入学时，就给他讲讲学生每天要做的事，比如，可以多提一提学生每天上课之后回家还要写作业这件事，这是学习的常态，也可以布置一些简单的家庭作业，让孩子体会一下每天都写作业的情形。

也就是要让孩子提前知道学生生活到底是怎样的，提前知道学习、写作业一定会比较累、比较辛苦，那他上学以后就不会对这种经历有太多抱怨。

第三，帮助孩子跟上学习进度。

尽管孩子做了这些提前准备，但还是要提防他可能依旧跟不上学习进度的事实。因为提前准备只是一种设想，是一种自我安排。只有让孩子真正经历了学生生活，才能发现他会遇到哪些实际问题。

尤其是在刚入学阶段，最好多关注一下孩子，鼓励他真实表达自己，允许他不高兴、抱怨，然后从中观察他遇到的问题，并及时提供帮助，给出恰当的建议和意见，以便孩子快速调整，更好地适应学生生活。

对作业束手无策——能力方面存在各种"短板"

有一个成语叫"能者多劳"，意思是能干的人做事多，劳累也多。这么看这个词感觉"好累"，但也可以换一个角度来理解这个词，把它看成是"能者""多劳"，意思是"有能力的人就能做很多的事"。

看一个人是不是能成功，其个人能力在所有参考因素中会被作为主要考量因素。如果这个人在很多方面的能力都很强，那他不论做什么事，都更容易取得成功。

所以，从这一点来看，孩子讨厌写作业的另一个重要原因，是他的能力不足，存在各种"短板"。

一般而言，孩子写作业时可能用到的能力包括如下几种：

第一，书写能力。

从一年级开始，对孩子书写能力的培养就要提上日程了，不论是拼音书写还是数字书写，都要打好基础。随着年级升高，孩子需要动手书写的内容会越来越多，是不是能又快又好地写汉字、数字、标点符号、数学符号、英文字母等，都会影响孩子是不是能够高效完成作业。其实不仅是写作业，其他学习内容也同样会受到书写能力强弱的影响。

所以，在书写方面，我们也可以提前做一些准备，比如，训练孩子良好的坐姿、握笔姿势，教他一笔一画、有规矩（按笔顺）地书写，然后加以适当的速度和整齐度训练，培养他养成良好的书写习惯。

第二，阅读理解能力。

正常情况下，阅读是理解的前提。"读"得出来之后才可能理解，否则不论是读不出来字、读得不连贯，或是读串了行、读错了内容，都可能导致理解不到位，自然也就不能明了作业的要求。所以，提升孩子的阅读能力也是保证他可以写好作业的重要前提。

阅读能力的培养可以开展得更早一些。日常可以在家中准备各种书籍，比如鼓励孩子按照从绘本（幼儿园到小学一年级）到桥梁书（小学一到三年级），再到纯文字书（三年级及以上）的顺序阅读。孩子越早养成良好的阅读习惯，未来的学习就会越轻松。

接下来便是理解能力，阅读是为了更好地理解，理解可以使阅读变得更有意义。放在孩子的作业上来看，只有理解了作业要求，读懂了题目，才能按照要求做出正确解答。

对理解能力的培养，要结合阅读能力来进行。最开始的时候可以在生活中通过表达来提升孩子的知觉水平的理解，这属于低级水平的理解，知道"是什么"；接下来就要在这个基础上通过阅读来提升孩子对文字的敏感度，能理解基本概念、原理与法则的内涵，对事物本质和内在联系有一定感知，这属于中级水平的理解，明白"怎么样"；然后再通过日常的交流沟通，来扩大孩子对内容的理解范围，进一步达成系统化、具体化的理解，可以重新建构、融会贯通，使知识可以广泛迁移，这属于高级水平的理解，理解"为什么"。

第三，专注能力。

专注力是保证孩子能够坐得住、看得进去、写得下来的重要能力，对孩子专注力的培养，在后面会有详细讲述，这里只需要记住一点：当孩子的专注力得以提升，那么不论他做什么事情，都能很好地开展下去。不要觉得注意力随着孩子长大就会自然增强，注意力也同样需要培养，需要我们给予足够的关注。

第四，思考能力。

思考能力是保证孩子能够从作业中学到东西的重要能力。如果不懂得思考，孩子很可能会陷入死记硬背、生搬硬套的坏习惯中。而懂得思考的孩子，会从作业中领悟到要考查的知识点，并能够做到融会贯通、举一反三，这对于他以后的学习都是大有益处的。

对于思想能力的培养，也可以从日常生活入手，多与孩子进行沟通交流，遇到事情多引导他思考，对于他提出来的问题，尽量不去直接给出答案，鼓励他自己多想想，比如回应一句"你说呢？"就可以把思考的"球"抛回去，引导他多动脑、动手，从而自己得出答案。

第五，整理能力。

在写作业这件事上，整理能力可以说是一个使作业完美收尾的能力，因为很多孩子总是会遇到"作业忘记带了""某个作业忘记写了"等问题，当孩子能学会认真细致地整理所有作业时，这些问题也就能迎刃而解了。

刚开始可以给他一个示范，接下来就要鼓励他自己去整理，每天要做的作业有哪些，每一科的作业又有哪些，让孩子在一次次的练习中去体会良好的整理能力给他带来的益处。当然，也可以适当让他经历一些自然惩罚，比如他某天忘记了整理，或者整理得不妥当导致作业没有带或没有带全而被批评，这样的后果要让他自己承担，以此来让他意识到对自己负责、积极认真地整理所有作业的重要性，并付诸行动。

干扰太多，无法专注——容易受到学习以外事物的影响

在上一节讲学习能力的时候，我们提到了"专注能力"。在学习方面，专注是一种非常重要的能力，就是集中精力不受干扰地做好一件事的能力。

很多孩子之所以不能很好地对待作业，恰恰就是因为他们日常受到了诸多干扰，学习以外的很多事物都能把他的注意力从学习上"带走"。而面对孩子这种无法集中注意力写作业的情况，一些父母往往也是焦躁的。

有新闻报道，广西一名11岁的男孩某天拨打了110报警电话，大声哭着说自己刚刚被父亲狠狠揍了一顿，只因为自己没有按时完成作业。

鉴于男孩哭得惨烈，放心不下的民警便登门了解情况。原来，因为新冠肺炎疫情的原因，男孩不得不居家学习，平时就很贪玩的

他这天因为玩手机，把写作业这事完全抛到了脑后。爸爸发现他在家只顾着玩手机不写作业，一时气不过，就用鞋子拍打了他一顿。被教训的男孩委屈极了，就打电话报了警。

这位爸爸的确急躁了些，但不能否认的是孩子的注意点完全被手机所占据。除了手机，孩子还会被动画片、玩具、漫画书所吸引，会因为看到其他孩子玩耍而觉得委屈，"为什么我就不能去玩"，另外还有孩子会被其他兴趣爱好所吸引而放弃写作业。

对孩子来说，这个世界本就充满了吸引力，但这并不意味着他要放纵自己而使得该做的事做不成、做不好。一切的自由都要以规矩为前提，作为孩子，理应将完成作业放在重要位置。当然，这需要父母的引导。

首先，给孩子布置一个整洁的空间，收起太多的干扰物。

在家里给孩子准备一个便于学习的、具有仪式感的空间。一旦这个空间摆好了桌椅，并把玩具、零食以及与学习无关的物品都收拾干净了，那么这个空间在这一刻就开启了"学习模式"，孩子进入这个空间就要开始认真写作业。

其实这种布置起到了两个作用，一是基本作用，帮助孩子清除掉不必要的干扰物，保证他学习空间的整洁，让他不会轻易被影响；二是延伸作用，就像是开启一种仪式，孩子会从这样的空间布置中产生主动意识，"我应该开始学习了"，久而久之，他自然会形成习惯。

其次，合理安排学习和休息玩耍的时间，保证"两不耽误"。

如果孩子的时间安排混乱，想做什么就做什么，想什么时候玩就什么时候玩，那么在这种情况下让他学习，他当然不情愿，因为学习终究是要花费精力的，是要受一定约束的，他会觉得自己玩耍的时间被"侵占"了。可实际上，这不过是毫无章法的生活带给他的一种混乱感罢了。

这就需要父母帮助孩子梳理一下混乱的生活，引导他做好恰当的时间安排，让他既有学习时间，也有休息玩耍时间，保证两不耽误，这样孩子的怨言会减少，也会对父母少很多排斥感。

最后，要培养孩子积极主动屏蔽干扰、抵抗干扰的能力。

说到底，孩子是不是能专注起来，是不是能不受干扰，其实还是他自己的问题。那些内在主动去避免干扰的孩子，即便身处闹市，也依然能把作业写得认真正确，而那些完全依靠外界帮助的孩子，即便身处绝对安静的环境中，也会被自己天马行空的思绪带走。所以，我们要看得到这个"受干扰"问题的本质，去培养孩子主动屏蔽干扰的能力。

在日常生活中，我们不必刻意去制造安静，也不需要过度地布置环境，该怎么生活还怎么生活，只是一些不好的习惯要改一改。如大声说话，高声看电视、听音乐，都会对孩子和他人产生干扰。放低音量是对自己健康的保护，也是对邻居的尊重，同时也能让孩子处于一个相对安静、稳定的环境中，还有就是随手乱放物品的习惯也要改正，保证物品归原，避免扰乱他人，这也同样能给孩子创造有序环境。

被"赶鸭子上架"——缺少必要的准备

当我们在抱怨孩子"写个作业都费劲""这么简单的作业都做不来"，甚至忍不住爆粗口、骂他"笨死了"的时候，有没有意识到这样一个问题：孩子可能在写作业这件事上，真的是被"赶鸭子上架"。

什么是被"赶鸭子上架"呢？从写作业这件事来分析就是，孩子受到了学习这个任务所迫，不得不去"写作业"。这种情况下，孩子都是仓促上阵，而没有什么准备。去打一场无准备之仗，你觉得孩子赢的可能性大吗？很多孩子其实就是因为"毫无准备"而吃了亏。

就写作业而言，孩子需要怎样的准备才算是"充分迎战"呢？

第一，对学生身份转换的准备。

身份转换，确切地说，就是孩子从幼儿身份到小学生身份的转换。

应该尽早给孩子一些提示，让他明白到了一定年龄，就会成为小学生，就要接受更系统的教育，会有很多与学习有关的事要做。越接近上学的年龄，父母对孩子的态度就越要有一些转变。比如，时不时提一些与学习有关的话题，带他看看小学，看看小学生的样子，看看与小学生有关的节目，给他讲讲上小学以后要做的事，告诉他："很快你也要成为一名小学生了，这是一件好事、一件喜事，也是一件大事，说明你在长大，你会学到越来越多的本领，相信你会变得越来越好。"

这样做，孩子会明白自己即将成为一名小学生，这种提前的心理准备会让他更容易接纳自己的小学生身份以及成为小学生后的各种经历。

第二，培养良好作息时间的准备。

学龄前的孩子作息时间并不会都那么严格，很多孩子都比较随心所欲，我们对他的时间安排也不那么在意，可能还常常请假。但成为小学生后，作息时间就要趋向于一种较为严苛的规律了：早睡早起，定时三餐，及时完成作业，每天按时上学，拥有有限的假期，等等。

从孩子入小学之前，我们就要开始培养他的良好作息规律，帮助他把生活调整到符合学生需求的节奏上来，这样才能保证孩子拥有健康的身体和充足的精力，从而更高效地学习。当然，这个习惯在入学前如果没有培养好，那入学后更需要加强培养。

第三，养成守规矩等好习惯的准备。

小学生本身就是要遵守各种规矩，写作业这件事也是一种规矩，是学校和老师为了帮助学生更好地完成学业而定下的一种规矩。

不要总去挑剔作业的难易、多少，父母自己先要有明确的认知：写作业这件事是在帮助孩子建立"诚信守规"的做人基本原则。形成主动遵守规矩的习惯，这是做学生的本分。当孩子有了对规矩的敬畏心之后，就能发自内心地去主动执行，而不是不服管教，随心所欲。

第四，尽快掌握基本学习方法的准备。

学习需要一定的方法，虽然更多具体的学习方法需要孩子在以后的学习过程中慢慢积累，不过在进入小学前，我们还是可以向孩子介绍一些基本的学习方法，让他对这些基础有些了解，以免他对学习束手无策。

比如，如何书写、阅读，如何整理文具，如何记住作业，如何解决难题，如何询问，如何沟通等，这些基本方法并不难，孩子一般都能学会，那我们就要记着教给孩子，不要把所有的事情都丢给老师。孩子越早、越熟练地掌握这些基本方法，他在学习上就不会觉得不知所措。这就相当于把他"领进门"的基本操作，如果后续遇到其他具体问题，可以再具体指导，慢慢来。

总被吼叫和训斥——错误的陪伴方式引发焦虑

当你做一件事情时，如果耳边总是伴随着说教、指责、批评、抱怨等种种否定式的表达，你的内心会有什么感受呢？

有人会说，做得不好当然会被训斥，那就虚心接纳。道理是这样，但对于一个人来说，假如耳边时常充斥着负面信息，自己的所作所为总是被否定，相信他也不愿意继续把这件事做下去了。孩子写作业也是同样的道理。

心理学上有一个"超限效应"，是指刺激过多、过强或作用时间过久引起极不耐烦或逆反的心理现象。对于孩子来说，如果因为作业的事情而总被吼叫批评，他也会心生逆反，在情绪上出现剧烈变化。

福建一名小学生给家人留信一封便离家出走了，他写道："妈妈，我去探险了，先去个五天……我先试着自己生活，不行的话我会回来……"

家人连忙报了警，最终警方在一家商场内找到了孩子，发现他正在补暑假作业。原来，这个孩子该做的作业没有完成，他生怕受到妈妈的吼叫责骂，这才谎称去探险。

为了不被吼叫责骂，孩子都已经开始"棋走险招"了，不惜以自己的安全为代价，也要躲开，可见这位妈妈平时没少冲孩子吼叫。但从这个案例来看，妈妈的吼叫并没有给孩子带来积极正面的影响，反倒促使着孩子想方设法去躲避。这个孩子尽管躲出去了，但还带着作业，想着补写，说明他并非不知道作业的重要性。显然是妈妈平时在作业、学习这方面的教育方式、方法出了问题，如果能够选择合适的方法，相信孩子也不会这么走极端。

从这个角度来看，如果我们选择了错误的陪伴方式，孩子对做作业这件事产生焦虑也就不足为奇。被吼叫所带来的焦虑情绪，势必会影响孩子对作业的态度，尤其是低年级的孩子，本就对学习不那么有认同感，父母再总是吼他，他的厌学情绪真的很快就被引发了。

所以，我们要重视自己陪孩子写作业时的情绪态度。那么怎样做才是合适的呢？这里我们可以再次利用到心理学的知识。

美国前总统约翰·卡尔文·柯立芝有一位粗心的秘书，有一次他看到秘书穿了一套新衣服，就对她说："您穿这套衣服非常漂亮，这套衣服就是为您这种漂亮、干练的小姐所准备的。而且，我也相信您能把公文处理得像您一样漂亮。"

约翰认为，"在赞美中夹杂批评，就像涂抹肥皂水后刮胡子一样，在减轻别人伤害的同时，也能有效地激励和鼓舞别人"。

这便是心理学中的"肥皂水效应"。人的内心对于赞美都有一定的渴望，来自外界的肯定信息会给人带去愉悦的感受，先肯定然后再使用委婉语言指出对方的不足，在对方听来就会是一种激励和鼓舞。

同样的道理，在孩子写作业这件事上，父母也要注意这一点。尽管孩子问题连连，但这并不意味着父母就可以肆无忌惮地吼叫责骂。频繁吼叫最终只能让孩子对作业心生抗拒，这种错误的陪伴方式，正是引发孩子对作业产生焦虑情绪的主要原因。

所以，不要总把所有问题都归结到孩子身上，多看看他的优点，时不时点出他表现好的地方，让他意识到自己也是可以好好表现的，这对他提升自信心是很重要的。

　　父母作为孩子的身边人，无时无刻不在影响着孩子。孩子在学习方面出现问题，父母也要从自身找原因，不要让本应该起到辅助作用的陪伴变了味道，成了阻碍孩子好好写作业的原因。

　　学着控制好情绪，选择更合适的应对方法，用理智来解决问题，我们就能在这个过程中获得教育助力，孩子也会从我们的正确引导中受益。

03

불

不吼不叫，
调动孩子写作业的积极性

不论做任何事，主动性都非常重要。凡是能自觉主动去做的事情，多半都会有一个好结果。在写作业这件事上，如果孩子也能具备自觉主动的积极性，那么相信他也能作业有成、学业有成。因此，不要急着吼叫，先想办法调动孩子的积极性比较重要。

作业真的是"负担"吗？

很多孩子把作业看成是"负担"，因为在他们看来，"作业每天都有""很多作业都不好做""不做又不行，不是老师批评就是父母吼叫"，所以他们对作业并没有什么"亲近感"，可以说，多数时候他们对作业都有一种"若即若离"的态度。

只有孩子这么想吗？并不是，一些妈妈也是这么认为的，"孩子的作业真是个负担"。因为：

"这些题我会，但我不能帮他做，可怎么讲他都不会，这种怎么也不能让自己痛快的感觉太难受了！"

"你说什么他都听不进去，之前怎么犯错，以后还怎么犯错！"

"写个作业，他毛病也太多了，不是这有问题就是那有问题，就没有让你觉得安心的时候！"

······

正是因为这些感受，让一些妈妈对辅导孩子写作业倍感压力。

不过，看似是两方都有的负担，其实只要给一方"松绑"，这两种负担也就都能轻松解决了。比如从孩子那一方入手，当他不对作业产生"负担感"时，就可以更轻松应对，也会愿意打开思路，这样很多问题就更容易解决了。而面对孩子这种虚心、愿意听话的样子，相信你对他的不满也会相应降低，不论是辅导还是建议可能都会说得更为孩子所接受。

换句话来说，我们要帮助孩子卸下内心的重担，让他能够因为这份轻松而养成自觉主动去完成作业的好习惯。

具体来说，可以尝试如下一些方法：

第一，在日常交流中，把作业的重要性潜移默化地传递给孩子。

这其实要求我们具备一种更高明的话术。

有的妈妈开口就是"你不好好写作业，以后你什么事都干不了"，这样的话语更容易使孩子产生逆反心理。你刻意向他强调作业问题，会让他内心产生一种很重的负担，甚至让他感觉到紧张与恐惧，结果他对作业有了不正确的认知，写起作业来就更不轻松了。当然，这样的说法还可能让比较"成熟"的孩子产生不屑感，反而看低作业，甚至看低妈妈。

其实并不需要这么格外地强调，可以正面输出各种有积极意义的观点，比如，"做了学生，就应该认真写作业了，这是所有学生都要认真做的事，就像我们每天吃饭一样，很重要，也很必要！"

"认真写作业，也是在帮你更好地掌握知识点，这是学生的本分！孩子写作业，就像爸爸妈妈每天都工作一样，都是我们该做的事情！"……

如此，让孩子明白"为什么写作业""写作业是为了谁"这些最简单直接的道理。当他能够理解这些道理时，他对作业的认知会发生改变，其行为也会随之变化。当然，不要寄希望一次沟通就能达到这样的效果，可能需要你多次"润物细无声"地熏陶。

第二，规范孩子写作业的态度。

写作业也需要端正态度，如果孩子认为作业是难于攀登的山，那肯定怎么写都费劲，但如果孩子认为作业就是一条只要认真清理就能扫干净的路，那他就能轻松完成。也就是说，要让孩子产生这样一种感受——与作业有关的所有问题都不是问题。这样，他就不会因为畏难而拒绝作业了。

还有的孩子对作业有另一种态度，认为"写作业太折磨人了""会了还写没意思"，但实际上这恰恰是对孩子耐性、毅力的考验，不把写作业看成是一种令自己痛苦的行为，才愿意主动去做这件事。我们也可以正向鼓励孩子，对于他的坚持、主动改错等行为予以肯定，以正向推进的方式来帮他建立良好的写作业态度。

第三，把作业变成一种日常习惯。

让孩子摆脱"作业是负担"的认知，有一个非常简单的做法：把作业变成孩子的日常习惯。让他意识到，"作业每天都要做，就和吃饭喝水一样"，这种内化到日常生活行为的做法，会让孩子对作业不再有排斥心理，再加上一些恰当的引导，相信孩子也会对作业有一种更常态化的接纳感。

当然，这需要足够的时间，同时也需要父母和孩子都有足够的耐性，可以在孩子偶尔忘记时给予提醒，平常心看待孩子每天写作业的行为。父母越是自然，孩子就越能不知不觉地让这种习惯在他的生活中扎根。

引导孩子发现写作业的快乐并产生兴趣

严格来说，写作业是学习的一种形式，应该用严肃一些的态度来对待。当然态度可以严肃，但却并不意味着写作业是一件沉重的事。

对孩子来说，快乐与兴趣是让他能够对一件事产生"愿意做下去"的重要心理基础。就像"玩"，因为玩可以给孩子带来快乐，又能让他从中找到自己感兴趣的东西，所以玩永远都是最吸引他的事。

那么同样的道理，如果孩子能够发现写作业这件事的快乐并产生兴趣，相信他也就不再心生排斥，而愿意主动去做。

按道理来说是这样，但在作业里是不是真的能找到快乐与兴趣呢？

如果你发出这样的疑问，就意味着你认为作业里很难有快乐与兴趣。也就是说，你已经把作业划归为"沉重的事"了，这就是你对作业的态度。这个态度会影响孩子，他可能也就很难感受到作业里的快乐与兴趣。

从这一点看，既然是要帮孩子，那一切改变都先从我们自身开始吧！

第一，换个角度看待学习和作业，发现其中的乐趣。

孩子对于一件事物的判断，很大程度上会受到我们态度的影响，所以我们应该先改变自己的态度，换个角度去看待学习、作业，不把它们看成是一件"苦差事"。

有一位妈妈抱怨孩子不愿意写作业，经常感觉很痛苦。

为什么？因为孩子的爸爸经常给孩子灌输这样的"理念"："读书就是一件很苦的事，写作业本来就很痛苦，不会快乐的。我从小就这么过来的，你坚持下去就好了。"

果然，这个才上一年级的孩子，几乎每次写作业都要哭。妈妈哄他的时候，爸爸还不忘在一边强调，"苦就对了，现在苦，以后才不苦""你要知道，'学海无涯苦作舟'"等。

我想，这样的说法是有问题的，为什么呢？就"学海无涯苦作舟"的"苦"来说，那是"刻苦努力、勤奋"的意思，而不是"痛苦"的意思。

孔子在《论语》开篇第一句话就说："学而时习之，不亦说乎。"意思是说，学习知识并不时地温习回味、力行实践它，不是很高兴喜悦吗？这里对"学"字拆解一下，中间的"冖（音mì）"，古同"幂"，《说文解字》解释道："冖，覆也。"子，孩子，也代表普通人，大众，成人，引申为每一个人。也就是说，学习是把覆盖物或障碍物拿开的一个过程。《说文解字》又说道："学者，觉也"。所以，学，一定要做真学问，真学明白，真觉悟才行。关于"习（繁体字为習）"，《说文解字》解释道："数飞也。"南宋理学大家朱熹在《论语集注》中进一步解释说："习，鸟数飞也。"初生的小鸟要不停地扇动翅膀，每天都勤奋练习飞行，最后才能真正飞起来，飞上天。所以，学了，要觉，觉了之后，要力行，要及时、时时、不失时机（抓住时机、借助时势）地勤加练习、实践，这叫习。这样就会学有所成，就会在生活中印证所学，从而达到理论与实践的动态结合，自然是由衷喜悦的。"学而时习之，不亦说乎？"这里的"学""习""时""说"都非常重要。

实际上，看书学习，需要不断地重复、实践，有所得，有所获，自然是一件开心的事。可见，学习不是痛苦的事，而是一件乐事。写作业也不应该被渲染成为一件痛苦的事。想想看，痛苦的事，谁愿意干呢？

如果从小学一年级就跟孩子强调写作业、学习很痛苦，孩子怎么能坚持下去？坚持 12 年、16 年、22 年，他怎么会不厌学？所以，作为父母，就不要再强化这种"苦"了，而是要引导孩子认识到其中的"乐"。

即便是写字久了手可能会疼，重复抄写或计算可能会让孩子烦躁，甚至是每一科都有作业……但我们也要帮孩子扭转这种消极态度，让他把这当成是老师送来的一份别样礼物，当成是一种生活中的别样体验，让他认为这是一种很正常的自我成长行为。

当这些负面情绪都被扭转之后，相信孩子对待作业会有另一种感觉。

第二，仔细观察并捕捉孩子感觉快乐和感兴趣的内容。

在孩子写作业的过程中，其实都会出现让他觉得快乐和产生兴趣的内容，这种快乐与兴趣可能转瞬即逝，也可能会较长时间存在，我们要仔细观察并及时捕捉他的关注点。

比如，写拼音的时候，孩子发现写出来的字母"o"好像一个又一个篮球，他也许会很兴奋地告诉你，这其实就是他快乐的来源，那么你最好关注他的这种快乐，肯定他的发现与联想，然后教他怎么把这个"篮球"写（画）得更好看一些，让他能在快乐中去继续写作业，而不是思路被带跑。

还比如，做 20 以内加减法数学题的时候，孩子自己发现了"$10 + X$"这类题的规律，就是把数字 0 换成 X 所代表的各个数字，这其实也意味着他正在对这种计算产生兴趣，那么我们也要在陪伴过程中发现这一点，肯定他的自主思考，帮他总结计算规律，让他感受自己思考得出答案、总结规律的快乐。

第三，不妨使用一点小策略。

只要你愿意总结，就一定会随时随地发现很多小策略。

比如，引导孩子把作业题目当成是一个又一个任务包，每完成一个任务包，就可以从你这里获得一个笑脸标志，集齐足够的笑脸标志，就能得到一本自己想要的书。

还比如，帮孩子在写作业时总结一些有意思的记忆方法，编个顺口溜，让他读一读、念一念，或者你跟他一起念一念，感受学习过程中的快乐。

或者，发现作业题目中一些有趣的现象，无论是数字的排列或者文字的组合，都能成为可以探讨的内容。

这些做法可以让孩子保持放松的心情，从而更主动愉悦地写作业。

开启"自主学习"的家庭模式

孩子对作业会心生"负担"，还有一种原因，就是"孤独感"。简单解释就是，有一部分孩子会认为，"凭什么这个家只有我自己在写作业？"

比如，在一些独生子女家庭，孩子必须要认真做作业，但父母却可以玩手机、看电视、吃好吃的零食；在某些二胎家庭，老大已经上小学了，但老二才刚出生或不过两三岁，老大也会觉得"只有我写作业，全家都可以陪弟弟（妹妹）玩，这很不公平"；还有些二胎家庭，年幼的孩子刚开始培养写作业的习惯，而年长的孩子却已经可以自由安排时间，像成年人那样做各种自己想做的事了，年幼的孩子也同样会感觉自己是全家上下"最惨"的那一个。

对于孩子的这些想法，不要觉得他是在无理取闹，我们也要给孩子一个转换的过程，一个可以让他慢慢适应的良好时空环境。

习惯的培养是循序渐进的，孩子对于"好习惯"的认知也是要慢慢建立的，最初时我们的帮助非常有必要。所以，在条件允许的情况下，不妨也给孩子建立一个合适的"陪读"环境，即开启全家自主学习的模式，让孩子真正感受到"原来全家上下都在认真学习，我也应该认真起来"。

这是对我们的一种考验，因为很多成年人在离开学校后，都有一种"终于不用再读书了"的错误认知，再加上工作占据了大量时间，而可供娱乐的选择又增多了，特别是每天回家后，抱着手机、平板电脑的时间大增。这种悠闲的状态，与孩子那种"不得不写作业"的状态形成了鲜明的对比。所以很多时候，你一边拿着手机一边训斥孩子"你怎么不好好写作业"，孩子怎么能服气？这样催促孩子，冲他吼叫，能起作用才怪呢！

那么全家自主学习模式是怎样的？应该怎样"打开"呢？

我们首先要转变"我已经成年了，不需要看那么多书去学习了"的认知，孩子几岁，我们的"教龄"也就是几年，与孩子同龄。才这么短的时间，我们当然还有好多需要学习的内容，也有更多需要进步的地方。

而且"知识永远学不完"是真理，越是有"想要学点什么"的想法，越能让你在不断学习的过程中有更好更大的变化。更何况孩子此时也需要父母帮他营造一种"好好学习"的氛围，所以，不妨把这段时间利用起来。

我经常跟老师们、家长们说："我觉得，我们真正的读书生涯是从大学毕业走上工作岗位开始的。因为之前我们读的是各种课本、练习册以及写完论文可能再也不会去看一眼的各种参考文献。所以，要做个'读书人'，而不要只做一个'读课本的人'。"

当有了"我现在依然要读书学习"的认知之后，接下来就要

"布置"一下学习环境。平时应该逐渐减少对手机的依赖，多翻翻有用的书。正因为是"自主学习"，所以对自己学什么、怎么学可以有一个主动性的规划，然后按照计划每天学一些，直到学出成效，也就是你要真的去学习，而非装样子。

所以，这里也要特别说明一点，我们读的是"真书"，而不是报纸和杂志，因为在孩子眼里，报纸和杂志也是休闲娱乐，不是读书学习。

全家人都认真学习，这其实是一个非常理想化的状态，但现实生活中要实现这一点可能有点难。比如有的人整日忙碌，好不容易在家休息，也许他更愿意选择让自己通过娱乐来放松一下，所以让全家人都这么认真地开展学习，并不是一件非常容易的事。

尽管如此，我们还是应该尽量去贴近这样的状态，结合自身实际情况，做出适当调整，进行合理安排。比如，如果妈妈是爱学习也能安静学习下去的人，那么妈妈就来做这个自主学习氛围的主导人，爸爸可以适当休闲娱乐一下，但不要影响到他人；如果爸爸喜欢读书，那么妈妈也可以趁着一大一小学习的时间，自己去放松一下。但是这并不意味着家人彼此的行为要割裂开来，认真学习的一方要提醒孩子"爸爸（妈妈）工作很累了，他（她）需要好好放松和休息一下，但是这并不影响我们这边的努力。爸爸（妈妈）是认真做完自己的工作之后才放松下来的，当我们好好学习完之后，也可以像他（她）一样"。

其实，生活中的这种自主学习氛围，是家庭中的确存在的一种学习模式，也是可以轻松自如转换并默契安排下去的生活方式。不要把它刻板化，也不要认为这增加了我们的负担，越是轻松自然地去看待它，越能轻松自如地表现出来，孩子也会理解学习对于他生活的意义。

"别人的孩子"与我们无关

"别人的孩子"，可能是出现在你口中频次最高的话，你可能非常喜欢使用这种"对比式教育"，就好像拉上"别人的孩子"，就会让自己的孩子产生非常深刻的体悟。

那么"别人的孩子"到底做了什么让你如此念念不忘呢？不妨看看下面这个既熟悉又好笑的案例：

妈妈：小明考第几名？

孩子：第一名。

妈妈：小明玩游戏吗？

孩子：不玩。

妈妈：人家考第一名都不玩游戏，看看你！

⋯⋯⋯⋯⋯⋯⋯⋯⋯⋯⋯⋯⋯⋯⋯⋯⋯⋯⋯⋯⋯⋯⋯⋯

妈妈：小明考第几名？

孩子：第一名。

妈妈：小明玩游戏吗？

孩子：玩。

妈妈：人家考第一名才玩游戏，看看你！

⋯⋯⋯⋯⋯⋯⋯⋯⋯⋯⋯⋯⋯⋯⋯⋯⋯⋯⋯⋯⋯⋯⋯⋯

妈妈：小明考第几名？

孩子：倒数第一名。

妈妈：小明玩游戏吗？

孩子：不玩。

妈妈：人家考倒数第一名都不玩游戏，看看你！

··

妈妈：小明考第几名？

孩子：倒数第一名。

妈妈：小明玩游戏吗？

孩子：玩。

妈妈：人家考倒数第一名的才难过地去玩游戏，看看你！

看，无论"小明"怎样，只因为他是"别人的孩子"，他就怎么做都是对的，而我们的孩子则怎么做都有问题，都不如"别人的孩子"。

可见，其实别人的孩子到底怎样，无非就是你自己的看法罢了。不仅如此，很多妈妈会凭借想象中完美的"别人的孩子"来教育自家孩子。

对于那些可以自己写作业、可以自己查错、数字汉字工整、各门作业都高效完成的孩子，你会表现出羡慕，总是会忍不住跟自己的孩子说"你看看人家"，对比之后，接着就是一通吼叫训斥。可想而知，绝大多数的孩子其实对"别人的孩子"并无好感。

但实际上，你所看到的可能只是某些孩子表现出来的好的一面，而也正因为他们是别人的孩子，这就给了你可想象的空间，而眼前的自己的孩子，却因为你能时时刻刻发现他的问题，所以你才会觉得他怎么看都不顺眼，毕竟"理想"与"现实"之间总会存在差距。

这其实是你自己的问题，说得不好听一点，你不过是仗着自认为对孩子的熟悉，以及孩子对你的完全依赖，还有就是他对亲情与安全感的渴求，所以才能随意发表对他的评价，因为你笃定孩子并不会因此而与你成为仇敌。

事实上，你是在用成年人的思维和标准来检视孩子，这很不公平。而且，如果你不能把目光从别人孩子的高光上收回来，不能从自我幻想中清醒过来，你就永远无法在现实中给予孩子有效的帮助，难以改变现状。

所以，不妨换个角度想想看，别人的孩子再怎么好也不是你的，而且那个孩子到底是不是真的好，你也不能只凭自己眼见的一小部分就得出判断，毕竟"家家有本难念的经"，这个世界上完美的存在并不多见，你以为的"好孩子"，也许会有你意想不到的缺点，你以为的"别人的孩子采取的好方法"可能真的只是"独一份"，再无法复制。

毫不客气地说，只有你自己的孩子才会让你认清现实，在他身上，你才可能看得到真正的变化，与其去羡慕得不到的梦想孩子，与其去幻想你头脑中的完美孩子，还不如专注于眼前现实中的孩子，有针对性地去把这个孩子教育好，让他发生肉眼可见的进步与改变，才是你最需要做的事情，也会让你感觉更舒心一些。

所以，要把目光重新放回到自己孩子身上。你可以去关注一下同龄、同性别孩子的平均水平，然后结合自己孩子的现状制订一个合理的学习计划，多鼓励孩子，多看到他身上的特质、优点与进步，这样你辅导孩子写作业这件事就会单纯许多，因为你可针对的目标变得唯一了，而你也能更专心地将注意力投放到孩子学习上，可能会想到更多解决问题的好办法。

同时，你也要多把目光放回到自己身上，别人的孩子多么优秀，其原因与"别人"的优秀不无关系。别的父母都做了什么，进行了怎样的教育，是怎么做的，你倒不如也从提升自我的角度出发，多学习一下，让自己变成一个更好的引导者、教育者，以便更合理地开展自己的家庭教育，而不仅仅只会吼叫。相信你的孩子也能在你的帮助下，逐渐摆脱"别人的孩子"所带来的困扰，成为具有独特气质的优秀的人。

借用南风效应，减少孩子对作业的"恐惧"

法国作家拉·封丹写过一则很有名的寓言，讲的是寒冷的北风与温暖的南风比试威力，看谁能更快地把行人身上的衣服脱掉。寒冷的北风吹了许久，行人反倒裹紧了衣服，而温暖的南风只是徐徐吹动，没一会儿，行人就开始觉得热了，纷纷脱掉了衣服。结果显而易见，南风取胜。后来，这则寓言的深刻寓意被心理学家总结了一个心理学效应，即"南风效应"。

南风效应在很多情况下都适用，比如与人相处时，如果你总是严词厉色，对方就会与你疏远；但如果你学会温柔以待，对方也会愿意与你亲近。而对于孩子写作业这件事，也适合用一用这南风效应。

在孩子的感受里，你的吼叫其实就相当于是北风，不论你吼出来的是什么，你这样的态度就是冷冰冰的，就是让他感觉不舒服的，他自然不愿意敞开心扉。他不喜欢听却又不得不听，心里充满委屈和抱怨，对于你要求他做的事情也会心生排斥。

如果只是因为你不恰当的教育方式才让孩子对作业产生更加排斥的想法，那就要好好反思一下了。不要去做"北风"，试着学习做"南风"，以减少孩子对作业的"恐惧"。

第一，给自己先吹吹"南风"。

北风之所以吹出来的是刺骨的寒冷，源自于它自身就是冰冷的。同样道理，当我们自己都尚且不能让自己感到舒心，感到温暖时，让我们去向孩子表现温暖，就显得有些难了，不迁怒他就已经算好了。

所以，想要给孩子吹南风，我们自己先要变得温暖起来，多注意自己的情绪，先缓解自己内心的压力，最起码先让自己平静下来。

先不要把辅导孩子写作业这件事想得那么困难，给自己减轻心理负担，把孩子放在符合他年龄、能力水平的位置上对待，不过高期待。对于孩子的作业，也尊重一下他的成长速度，放宽标准，不横向比较，允许他犯错。

其实这些内容全都是需要我们自己主动意识到的。给自己吹南风，是一种对自我情绪的缓解。作为成年人，应该具备这样的能力：先安抚自己，再去帮助孩子；先处理情绪，再处理问题。

第二，缓缓地对着孩子吹"南风"。

拉·封丹的寓言中，南风之所以获胜，有两点关键因素：第一点是南风的温暖，这种暖意让行人脱下了厚外套；第二点则是"徐徐而吹"，南风也是要温柔地吹，才会让人真正感受到温暖，否则南风若是也以狂风姿态出现，行人怕是也要被风逼得退回到屋子里，而顾不上关注它是不是真的温暖了。

所以，如果我们想要让孩子扭转对作业的态度，想要用他能接受的方法来帮助他，就应该在这两点关键因素上入手：一是真的用柔和的态度来予以帮助，二则是压住自己的性子，循循善诱。

真的柔和下来去表达的话，是一种冷静的表达，往往会让孩子直接领悟到你想说的内容的精髓，他会更容易接收，也更能有主动行动的意愿。所以，要记得"南风缓缓吹"，问题不是着急就能解决的。你可以开动自己成熟的大脑，简单分析一下，按部就班地来，只要你不急，孩子就不会紧张，他的大部分注意力就能放到你所说的内容上去。

第三，真正体现出"南风"的温暖来。

同样一句话，就看你怎么表达，比如同样是"这样不对"的说法，"你怎么能这样做？这是错的！"反问加肯定，听起来就是指责，就算孩子知道自己错了，也会心有不情愿。但如果说，"要不要好好看一下？看看有没有问题？"询问加提醒，不会让孩子感到那么紧张，且会有主动想要再看看的意愿。

有的人觉得，跟自己的孩子说话，不需要那么多弯弯绕绕，但是孩子对于语言的理解是有限的，如果你再态度不好，他会直接根据你的态度来判断是不是好话，反而忽略了你要讲的真正内容。

让孩子摆脱对作业的"恐惧"，就是要用更委婉一些的表达来给他勇气，那么你说话的方式就要适当调整一下。有个孩子这样告诉妈妈："妈妈，你一着急吼我，我就害怕，一害怕就不知道该怎么做了。如果你不吼，我就都会做。"可见孩子的"恐惧"，其实有很大一部原因是在我们身上，当这部分的恐惧得到消除，写作业的问题其实很容易解决。

孩子的作业真的一无是处吗？

很多人看待自己的孩子，总是会戴着滤镜去看，不知道这算不算是一个普遍现象。在有些时候，你可能戴的是"可爱"滤镜，就是孩子的一切言行都显得很可爱，但在写作业、学习的时候，你就可能戴上了"他一定会出错"的滤镜，此时再看待孩子，往往都会认定他一定会在做作业、学习的过程中出现各种问题、犯各种错误。

其实后一种滤镜也并不是凭空出现的，你这样的表现或许也应了心理学上的"定型化效应"，也就是你对孩子的作业产生了一种刻板印象，认为他写作业就一定是问题连连。这种刻板印象来源于何处呢？

心理学认为，人之所以会出现定型化效应，无外乎每一个个体对自己的信念与看法无法掌控，受到了社会或他人的影响，这才会对某些事物、某些人产生了偏见。在看待孩子写作业这件事上，我们恰恰也是如此。

比如，网络上有很多"别人家的辅导作业视频"，你看着这些小视频嘻嘻哈哈，但实际上，这些视频中所反映出来的孩子的作业问题却已经在不知不觉中深入你的大脑，当你再面对自己的孩子或者遇到自己的孩子也开始写作业时，你会因为眼前的孩子或写作业这件事而不自觉地去联想那些会出问题的画面，再加上周围人可能也总是不停地提到"我孩子写作业慢死了""我孩子写作业总出错"之类的话题，你就会被"引导"着默认，"孩子写作业一定会出问题""孩子写出来的作业一定有问题"……而往往这时候，你却总能发现孩子的"问题"，这又与心理学上的"自证预言"（指人会不自觉地按已知的某种预言来行事，最终令预言真实发生）有异曲同工之处了。其实，这也是"心想事成"的另一种呈现。你心里怎么想，事情就怎么"成"，难道不是这个道理吗？

但不论你要得出什么结论，总应该有一定的事实依据，总要有自己的观察与判断。那么问题来了，孩子的作业真就那么"不堪"吗？真的就是"一无是处"吗？是不是你的认知偏见才导致你对孩子吹毛求疵呢？

仔细想想看，认知偏见往往都来源于你的主动性思维与认知，所以若想纠正偏见，就要进行自我改变。对待孩子的作业也是如此，不要过分关注周围人或者网上的那些事实言论，因为它们都只是"别人的孩子出现的问题"。每个孩子都有自己的特点，有自己的优点和缺点，想要知道孩子做作业是什么样子的，出现怎样的结果，把专注的目光投入到自己孩子和他的作业上，你才可以看到最真实的情况。

当你真正看到自己的孩子和他的作业时，也许你会发现，"原来孩子和他的作业真的并不是像别人那样，也并不一定会如我所想"。

孩子写出来的作业，其实也是有好有坏的，你可能更多地关注了"坏"，因为你总在意"他出问题"，当然完全可以换个角度，接受孩子会出问题这个事实，然后去寻找能让你感觉愉悦的好的那一面。

比如，去看看孩子哪里做得比之前好了，要注意，是比"之前"好，这里其实也是在提醒你，不要给孩子设定那么高的标准，他的进步是与自己相比的进步，而不是与你的标准相比，要以他自身的发展水平来看，自然就能发现很多令你觉得惊喜的地方。

而且，孩子也都是有自尊心的，被肯定会给他带来极大的愉悦，那么他对待作业就会有一种"我自己很想要去做好"的意愿，这种意愿的出现就很可贵了，这样他会渐渐地把写作业这件事变成是自己应该要主动负责的事，很多问题可能就在这种意愿诞生之后慢慢找到了解决思路、方法，而你也将因为他的这种态度对写作业这件事有一个全新的认知。

不过分期待，自然就不会太失望

期待是指对未来某种时刻或者某些事物的一种憧憬、向往，既然是"未来"尚未发生的事情，那就涉及幻想或想象。从另一种角度来说，期待其实也是一种幻想，想象未来你可能会遇到的、体验到的经历，想象未来你可能会见到的一些事件发展结果。

一般来说，人们更愿意去幻想美好的事物发生，但这种幻想很多时候会超出对实际的预判，只单纯地变成了一种天马行空的想象，一旦幻想出了格，那就失去了意义。幻想一个永远不能实现的未来，其实也是一件很残忍的事。

很多妈妈对孩子就心存幻想，她们的期待总是高过孩子能达到的水平。但奇怪的是，明明是妈妈自己想象出来的高度，一旦孩子无法实现，妈妈反倒去抱怨孩子，认为他不够努力，认为他不够"听话"。

可实际上，孩子做什么了呢？他不过就是尽己所能地在自己的能力水平范围之内有所表现而已，但妈妈却并没有看到这一点。

所以说到底，那些总是对着孩子抱怨"你太让我失望了"的妈妈，不过就是幻想过了头，期待太高，忽略了现实，出现了心理落差。

有的妈妈总是把问题归结于他人，认为孩子不应该让她失望，"孩子难道不应该为了妈妈的希望而努力吗？我可是一心希望他好啊！他怎么就不能理解我这份苦心呢？"但其实这样的想法相当于是一种"绑架"。

孩子是一个独立的个体，有自己独特的成长规律，他更需要着眼于当下的引导，而不只是那些不知所谓的遥远的"期待"。否则就相当于你给孩子画了一张大饼，他其实也是开心的，他听你说"只要你努力，就能实现"这样的话，也会对自己产生一种错误的估计，这显然并不利于他对未来的努力（因为他可能并不理解什么是努力），而且当他发现自己"努力"了也并没有吃到那张饼的时候，他的失望情绪才是最不好缓解的。

所以，比较合理的做法是，降低期待，专注眼下，不抱以过多的希望，只予以合理的目标，引导孩子脚踏实地做好眼前每一件事，未来就会因前期种下的"好因"而得到"好果"。具体来说，不妨这样做：

第一，了解孩子真实的能力水平。

你对孩子所有的期待都应该是有事实依据的，这个事实依据就是孩子真实的能力水平，在真实水平基础上的期待才有效，否则就是在空想。

不论是刚入小学的孩子，还是已经上了几年级的孩子，你都应该做那个对他的学习知根知底的人，不仅要知道他的优势和劣势，还要发现他存在的问题和缺点，同时也要了解当下学生的平均水平，这能帮助你掌握孩子当下的学习进度。

第二，根据实际情况来提出目标。

不过分期待并不意味着完全不期待，我们做事还是要有目标的，有目标就有了前进的动力。孩子做事更是如此，有个目标在前面引领，他多少都会有想要努力的意识。

这个目标其实就是期待，但我们要根据孩子的实际情况，定一个他只要认真努力并愿意付出足够的时间精力就可以实现的目标。就拿作业来说，可以根据他之前的表现去制定合理的目标。比如，孩子之前写作业的时候因为贪玩而拖拉，那就给他限定一个在他能力范围之内的时间完成作业，他如果完成得好，那就及时肯定、表扬他，这会让他意识到"认真专注"才是应有的正确表现。

第三，正视失望的情绪以及引发失望的原因。

所有的期待，无论大小，都有无法达成的可能，也就都有失望的可能，哪怕是你把这个期待降到了平均水平甚至更低，都可能因为难以实现而失望。

尤其是对于一些本来就很低的期待，最终却还要落个失望，有的人就很不能理解，放在孩子的作业问题上就变成了，"他就是不行，就是笨，就是不努力，就是粗心，就是不专心……太让人失望了"。

这归根结底还是我们自己的问题，因为对孩子抱有一厢情愿的期待，而忍受不了孩子表现带来的落差。所以既然是自己引发的坏情绪，就要自己去慢慢消化，而不是把情绪的来源归结于孩子身上。

而且，你与其在那里抱怨，还不如和孩子一起看看到底是哪里出了问题，然后集中精力去解决问题，这不仅是对你自己情绪的"复健"，也会让孩子放松下来。为什么不去做呢？

别让物质奖励破坏了孩子的内在动力

心理学上有一个"德西效应"，来源于美国心理学教授爱德华·德西做过的一个实验。

1971 年，德西抽调了一些大学生来进行实验，要求他们单独解答一些有趣的智力难题。

试验第一阶段，全部学生解题没有奖励。

试验第二阶段，所有学生被分成了两组，实验组的学生每解答一道题就得到 1 美元的奖励，对照组的学生则依然像之前那样解题，没有奖励。

试验第三阶段，进入自由休息时间，研究人员开始观察是否有学生依然在解题。

结果发现，奖励组的学生对解题的兴趣很快就衰减了，而没有奖励的对照组的学生却会花费更多的休息时间去继续解题，他们对解题依旧保持较大的兴趣。

由此德西得出结论：在某些情况下，进行一项令人愉悦的活动时，为他提供外在的奖励，反而会减少活动对他的内在吸引力，这就是德西效应。

总结来说就是，适度的奖励对于个体内在动机会起到巩固作用，但奖励若是过多，却可能会降低个体对事物本身的兴趣，使其内在动机减弱。

很多妈妈有时候就不会恰当使用奖励，只想让孩子快点同意或完成其的要求，便随意地承诺奖励，结果孩子不仅没了兴趣，还会将作业、学习当成与奖励作交换的筹码，且会不停要求更大筹码的奖励，最终完全背离你奖励孩子的初衷。

所以，要格外注意"奖励机制"在孩子学习过程中的运用。

第一，和孩子一起确定学习、写作业等事情的"性质"。

按道理来说，做理所应当的事，并不需要用什么奖励来激励。学习这件事应该是孩子自主自愿地去做的，就像生活中为了生存而吃饭喝水一样，学习就是为了成长，进入学校后好好学习也是他身为学生的一项职责。

对于这一点，我们和孩子都要有正确的认知。孩子去上学是按照义务教育和成长节奏必然要做的事，也是他成长过程中很重要的事，所以我们平静理性地去对待这件事，并给孩子讲清楚学习对他成长的意义，而不是用奖励去诱惑他。或者换句话来说，对于学习这件事，奖励并不是必需的，但好好学习却是孩子必须要做的。

第二，精神上的肯定远好过物质上的奖励。

孩子在学习上的确需要鼓励，但应该多给予他精神上的肯定，而非必须要有物质奖励。因为奖励总会带有一些"你付出我给予"的意味，孩子会更关注奖励而非好好学习。尤其是对于低年级孩子来说，物质、金钱奖励都会转移他的视线。

比如，有妈妈对孩子说："你这次作业写得不错，我奖励你一个玩具。"孩子会觉得，"原来写好作业会有玩具可拿"，下次他可能就会告诉你，"我今天写完作业想要一个新玩具"，你给不给呢？

精神上的肯定就不一样了，你肯定孩子"这次作业写得比之前进步了，你很努力，好样的"，这样的话带给孩子的是精神上的愉悦。而且因为你很少提及物质奖励，所以孩子也不会特意去跟你要什么，你口头上的肯定就足以令他满意，他也愿意在以后继续努力。

第三，不以任何形式的奖励作为"好好写作业"的条件。

还有一种奖励方式是"条件交换"，有的妈妈会在孩子写作业前就说，"如果你今天好好写作业，我就满足你一个要求""如果你今天的作业没有错，我就给你买××"，这种条件交换，使得写作业这件事被放在了与各种玩具、要求等同的位置上，久而久之，如果形成各种玩具可以随便要，不喜欢了就随便丢弃的观念，那么学习这件事在孩子这里也会被同样看待。

所以，不要拿写作业与各种奖励交换，不提前给孩子设定任何"如果……就……"的条件，让孩子能够自然地进入学习状态，去完成他应该完成的学习任务。

越信任，越自律，越自由——写作业的良性循环

很多人不那么信任孩子，因为孩子"年龄小""不定性""总犯错""一会儿不看着他，他就指不定要做什么事出来"，认为凡事只有由自己决定并认真盯着，才可能不出问题。

然而，孩子是一个独立的人，也希望不断成长和完善自己，在愉悦的状态下，他完全可以自己管理自己，并对自己严格要求。

来看一位妈妈的真实经历：

一天妈妈检查作业的时候，发现孩子在拼音书写方面表现得非

常好，比前两天的书写规范了许多，妈妈随口夸了一句："今天的拼音写得很好啊，比前两天进步了。"

孩子立刻开心地告诉妈妈："我之前写不好是因为总着急，一着急就乱写了，我今天也有点着急，不过自己忍住了，只用了一次橡皮，就改了一个字母。"

妈妈又夸奖了两句之后，叮嘱道："真棒！写作业的时候也注意一下眼睛，别离得太近。"

孩子自己不断点头："我记住了，我现在还有两个问题，一个就是要注意少用橡皮，另一个就是注意眼睛。"

妈妈这天很感慨，她之前生怕孩子作业出问题，盯得非常紧，这天不过是放开手让孩子自己去决定写什么、怎么写，孩子就给了她一个大惊喜，原来孩子并非不知道怎么做，只不过频繁被指责或者频繁被要求，自然也会因为不舒服而心生抗拒。

从这位妈妈的体会来看，自己不着急，充分信任孩子，孩子就会更容易把目光放到自己身上。妈妈适当地给出一些肯定，他就会更愿意主动发现自己的问题并尝试去解决，而妈妈也将因为他的不断变好而更加神清气爽，一个良性循环就此成型。

所以，总结一下，这个良性循环的关键就是，给予孩子信任，孩子就会还以自律。而自律会使双方都心情愉悦，父母会因为这种愉悦越发信任孩子，孩子则因为这种愉悦越发习惯自我管理，不知不觉中双方也就都享受到了自由。具体来说，应该怎样做呢？

首先，重视规矩可发挥的作用。

信任并不是盲目地撒手不管，自律的"律"，其实也来源于父母对孩子的及时引导，而自由则更要在规矩之下才可能得以实现。

父母要给予孩子的任何信任，其实都建立在规矩上。比如，遵守"回家先写作业，再玩儿"的规矩，并养成好习惯。这一点最好能够严格执行，"雷打不动"，除非有极特殊情况。但这个"雷打不动"，并不是不允许孩子回家后"第一时间"先换鞋、洗手、喝点水、吃点东西，而是跟"第一时间"看电视、玩耍相比的。

规矩提前树立，孩子的头脑中就会有一个自我提醒的意识，那么之后你的信任、他的自律，也就都有规矩可依赖，就不会显得那么无缘无故了。

其次，让自己为别的事忙碌起来。

有些妈妈每日生活的全部中心都是孩子，很容易出现"费力不讨好"的局面。但如果能让自己为别的事忙碌起来，就会把视线从孩子身上转移开，这无疑也是给双方留下了一丝喘息的空间。

当你能让自己忙起来的时候，你的生活就是充实的，对孩子也就不会"事无巨细"地去挑剔。你的忙碌其实也会让你更有规划性，越发能分得清主次，而这对于你再看待孩子的学习问题时会很有帮助，比如你会习惯于去关注更主要的东西，而不会吹毛求疵。这时你的信任就会更容易给出，孩子也会明白你所关注的重点。

而且，孩子会因你的忙碌也受到感染，看到你办事有条不紊，他也会有所触动，所以这时你自然就会成为关系中的主导，而不是只能围着孩子团团转。

最后，给予孩子纯粹的信任。

有些妈妈对孩子的信任是带有条件的，如果孩子做不好，就收回信任，不再相信他了，"做到某种程度才信任"的心理，其实也会给双方都带来压力。

所以，对孩子的信任也应该纯粹一些。你可以观察他之前的学习情况，回忆一下他的表现，根据他的实际情况定一些合理的规矩，之后就可以放手了。不要去过分在意他是不是做到了最好，凡事都讲求循序渐进。你越是能给予他信任，他越是能呈现出你理想的状态，所以不要着急。你也要做到信任"自己给出的信任"，信任孩子能够回报你的信任，然后安心地去做自己的事，像前面提到的，让自己忙起来就可以了。

04

不吼不叫，

让合理的安排帮孩子摆脱拖拉磨蹭

在写作业的过程中，拖拉磨蹭是很多孩子都会出现的问题，同时也是父母最感到火冒三丈的问题。有相当一部分妈妈的吼叫，貌似都源自于孩子的拖拉磨蹭，但吼叫的效果也都"显而易见"地不起作用。所以试试看不吼不叫，寻找更合适的方法，没准儿能解决问题。

孩子怎么变成了"小拖拉虫"？

做事拖拉是一种很普遍的现象，很多人都已经到了习惯性拖拉的地步，就是"不事到临头绝不会行动"。这种现象不仅成年人有，在孩子身上也相当常见，很多孩子都在不知不觉中变成了"小拖拉虫"。

比如，原本按照孩子能力一小时完全可以做完的作业，被他以各种理由拖延到临睡觉都写不完；做一道题、写几个字都能磨蹭很久；写着写着作业，忽然就去做别的事情了，作业被晾在了那里……

可以说，孩子在"拖拉"这方面的表现，真的是"花样"百出，因为拖拉而引发的种种问题，也的确令人抓狂。

曾经有一位妈妈就说："看到孩子不听话、写作业拖拉，我就火冒三丈，脾气暴躁起来就劈头盖脸训他一顿，孩子认为我总是不听他说话，是个坏妈妈，可我吼他的时候我自己都想着死了算了，甚至都想打死他，内心真是太煎熬了。"

这位妈妈说得好像有些夸张，但实际上很多父母可能都有类似感受。面对孩子的拖拉，如果你只选择吼叫来发泄情绪，那拖拉这个问题就会真的变成一种"顽疾"，不仅影响孩子当下的学习，更会对他未来成年之后的工作以及其他诸多事情产生更多的负面影响。

不过孩子的拖拉问题都是有原因的，而且很多问题也都只是在萌芽状态中，越早发觉原因并"对症下药"，也就越能更快地解决这个问题。

那么，孩子的拖拉到底都是什么原因造成的呢？

第一，不想做。

孩子做事最需要内心的积极性做驱动，一旦没有这种积极和主动性，他的头脑和手脚就会立刻停下行动，而不想做作业的原因也有很多，不喜欢或没有兴趣，甚至于没有什么原因，就是没有想做的动力。

针对这些问题，我们要调动孩子的兴趣，培养他对于作业的责任感，积极引导，避免吓唬吼叫，这也考验我们的亲子沟通方式与情绪处理智慧。

第二，没方法。

因为没有找到合适的方法和思路，对于作业便也就无从下手，尤其是对于一些需要思考的作业，有的孩子就会表现得束手无策，拖拉也就在所难免。

对于"没方法"的孩子，教会他方法就好了。方法的传授，要尊重孩子的个性与需求，按照他的理解，将方法调整成适合他使用的最好，而不能直接照搬。有些方法可能还需要我们去研究、开发，以及更认真仔细地观察与分析总结。

第三，求完美。

"书写不能有一点错""字母数字一点也不能写歪""不能出格"……如果出现了问题，要么就擦掉重新写，要么就撕掉全篇重来，这无疑都是在浪费时间。可孩子一旦陷入这种对完美的追求中，情绪就会变得焦躁，出错的概率也会大增，不知不觉中也就变得更为拖拉。

对此，可以从降低标准入手，我们不仅要降低对孩子的要求，也要帮孩子培养理性看待自己的心态。或者用"明天会更好"的激励方法，提醒孩子"今天你的表现值得肯定，如果想要更好，那就明天继续努力"，让他意识到"日日进步"才更好，从而转移他对当下是否完美的过分追求。

第四，慢性子。

有的孩子就是慢性子，天生就快不起来，此时催促显然没什么太大的作用，性格使然，天生如此，倒不如在其他方面下下功夫。

比如，教孩子制订计划，引导他把时间分成小块，每一块要做什么都标示清楚，提醒孩子在每个小块时间里完成既定的安排。计划会让他的时间被高效利用起来，这也能在一定程度上减少他慢吞吞的个性所导致的拖延。另外，也可以让孩子的"慢"发挥积极的作用，也就是慢中求稳，再结合计划，促使他高效完成作业。

总结一下，可以用一张简明图来帮你更好地理顺拖拉问题与应对方法：

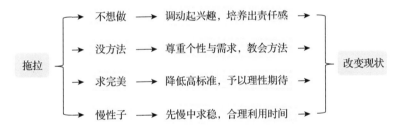

希望所有因孩子拖拉而束手无策的妈妈，能从中得到一些启示。

你可能没有意识到的"磨洋工"原因

在很多妈妈看来，孩子写作业"磨洋工"，多半都是他自己的原因，比如前面提到的"不想做""学不会""没兴趣"等原因。但是，很多事情都会有多方面原因，孩子的"磨洋工"也不例外。孩子自己的确存在问题，可有一些问题的根源也许并不在他那里。

有一位妈妈就发现这样一件事：

她上三年级的女儿本来写作业很快，但最近写作业却很慢，是突然变慢的，好像总也写不完，不知道什么原因。

这位妈妈就通过网络向我咨询。

经过了解我才发现，原来这位妈妈最近喜欢上了书法和美术，结果就给女儿也安排上了毛笔字、画画的额外练习。我认为原因就在这里。

果然，她的女儿后来也证实了这一点，她说："写完作业后妈妈就给我布置了别的作业，我感兴趣的手工制作都做不了了，为什么还要写那么快？还是边写边玩好，熬到时间就洗漱睡觉了。"

这个孩子的表现就是消极怠工或磨洋工（出工不出力）。就像成年人在单位工作一样，如果高效完成一件事后又被领导安排做别的，甚至去帮助做得慢的同事，而在薪资待遇、职位上又没有什么变化，一般人会怎么处理呢？你又会怎么处理呢？

孩子也会规避这些问题，从而使自己处于舒适区中。

有个孩子就曾经发出这样的感慨："每到周末我都很矛盾，又期待又不想过。因为周末我不只要写完学校留的作业，还要完成妈妈给我布置的很多额外作业，不仅如此，我还要上各种各样的补习班。学校的作业再加上额外作业，像小山一样把我压得喘不上气，有时候我写学校的作业就故意慢一点，这样妈妈能少布置一点额外作业，可是我慢了妈妈就会不停地催我。我真是烦啊，我多想周末有一天自由时间啊！"

这个孩子的表现，也是一种"被逼无奈的磨洋工"，因为不想完成额外作业，所以宁愿选择拖拉。实际上，孩子可能要做的额外作业，除了像这位妈妈出于自己的意愿强加之外，还有一些来自于辅导班、兴趣班的作业。孩子也有自己的小情绪，当事态的发展并不能如自己所愿，正面反抗又可能受限时，他就会选择"隐性攻击"的形式。

有一份对245名小学生的调查结果显示，40%的小学中高年级学生的家长会给孩子布置额外的家庭作业，还有50%的学生需要做课外辅导班布置的作业，再加上学校布置的作业，可想而知，他会带着怎样的情绪完成这些作业？他还有多少时间可以自由支配？还有什么能成为他不磨洋工的动力？

所以，我们要对孩子的作业进行比较客观的评估。除了孩子要完成学校布置的作业外，我们尽量少或不再给他布置额外的作业，而要给他留出玩儿的时间，也就是孩子写完学校留的作业后就允许他去玩，自由玩耍或进行户外运动，阅读或者是做他感兴趣的一些事。不然，他就会拖拉磨蹭，在他看来，反正写完也不能玩，还不如在书桌前胡思乱想或发呆更好。

所以，一定要让孩子看到玩的"希望"，有希望才会有干劲呀！

孩子也许并非厌恶作业，他对作业也有自己的判断，他知道什么作业必须要做，也知道什么作业是额外的，即便不做、做不好，也没什么关系。更何况，孩子本就不能长时间专注地去做一件事，尤其是非他所愿的事情，他会在完成该做的事之后自然陷入一种松懈状态，此时再强迫他多做作业，他就会觉得累、烦躁，就会逃避。

所以，对于因为这一原因而造成的"磨洋工"，不能只抱怨孩子，对他的作业也要有一个重新评估，尊重孩子的个人时间安排。

第一，尽量不给孩子多加作业。

我们出于自我意愿给孩子多加作业，可能都是抱着"多多益善"的想法，认为只有多学，孩子才能不落后或者比别人多一些"资本"。

其实学校的作业已经考虑到了大多数孩子的能力与接受程度，只要孩子认真跟着老师的进度走就可以了。要相信老师的科学教学方法，尊重孩子的自我发展能力，而不是想当然地认为"多多益善"。凡是不考虑孩子承受能力的强加，其实都是在施加伤害。

第二，妥善处理兴趣班、辅导班的作业。

现阶段的孩子，很多都在上各种各样的兴趣班、辅导班，这也同样是学习行为。来自于课外班的作业，也会让孩子感觉非常纠结。

对此，我们要与孩子一起看看这些作业的性质，能完成的尽可能完成，因为既然已经上了这些班，就应该保质保量地上好。实际上，对于小学低年级的孩子而言，如非十分必要，不建议报学科辅导班，这样也就不用再完成所谓的"课外班作业"。兴趣班的话，如果孩子确实感兴趣，倒是可以考虑。如果孩子自己选了兴趣班，那就要让他为自己的选择负责，要有承担的勇气，有作业也要好好完成。当然，如果他完成得好，我们也不要忘了及时对其肯定、鼓励，进而让孩子与兴趣班形成一种良性互动与循环。

第三，教孩子劳逸结合地处理各种作业。

随着年龄增长，孩子的作业总会不知不觉地增加，即便是有额外作业，如果能合理安排，也同样能让孩子在舒心的状态下完成所有事情。

这时我们要引导孩子学会劳逸结合，完成学校规定的作业后，休息一会儿，再开始写额外作业，或者根据兴趣，将这些作业穿插分配，保证所有作业都能有更合适的时间安排。

还有一种方法，就是让孩子学会制作自己的"时间存折"，预计多久完成的作业，如果提前完成，时间富余下来了，那么富余的时间就可以积攒成周末或假期的玩耍时间。

类似的方法还有很多，需要我们多开动脑筋想办法，来寻找最适合孩子的劳逸结合方法。

强化孩子的时间观念

没有时间观念，是孩子写作业时拖拉磨蹭的一大重要原因。

对于低年级的孩子来说，他们只知道上学不能迟到，但在写作业上时间观念并不强。虽然小学一年级下学期数学课就学了认识时间（但实际上三年级上学期依旧在学习认识时间），但那仅限于数学知识，他暂时还无法在生活中合理利用时间。所以，在写作业的时候，孩子通常认为时间还有很多，于是他就总是先玩，再写作业。

　　当然，这也跟一些妈妈的放任有关。

　　有一次，我就接到一个妈妈的电话，她咨询了一个小时，说了很多，但重点还是孩子写作业拖拉的问题。

　　孩子正读小学一年级下学期，就是不爱写作业，每天总是拖到很晚才做完。这位妈妈问我怎么办。

　　我问她："当孩子不写作业的时候，你是怎么做的呢？"

　　她说："我故意不管他，我怕管多了，孩子写作业就依赖我了。"

　　你看，这位妈妈的担心来得太早了，因为孩子都没有养成写作业的好习惯，没有建立起写作业的意识，一直处于被放任的状态，又怎么会有依赖心理呢？孩子可能连这个"依赖"的意识都不会有。

　　可见，很多孩子对时间的认识是模糊不清的。一方面是由于在入学前，妈妈没有对孩子格外强调时间观念，并且孩子的时间也是由妈妈来把握的，妈妈来决定什么时候做什么事，孩子自然就不需要操心那么多；另一方面是因为入学前孩子也的确没有那么多需要格外关注的事，所以他的生活是以自我需求为判断的，饿了才吃、困了就睡，想什么时候玩就什么时候玩，想不做什么事甩手就能不做，而妈妈也不会对他太严格要求。

　　所以，孩子的时间观念不强，很大一部分原因是在我们父母身上。

　　孩子的时间观念，还真的需要我们多关注一下，虽然学校数学老师教孩子认识时间，但如果我们在生活中不辅助加强训练，孩子要想真正认识和掌握时间，也会比较困难。我们越早带他认识时间，注意时间，学会利用时间，那么他也就能越早形成良好的时间观念，并让时间在生活中发挥应有的作用，特别是在他进行写作业等学习活动时，良好的时间观念尤为重要。

第一，强化孩子的时间观念，先要教他认识时间。

尤其是对小学一二年级的孩子来说，虽然在数学课本上已经认识了时间，但那还只停留在教科书上，时间概念还没有被完全生活化，所以，要帮孩子把钟表从书上"拿"下来。

有两种处理方式：

第一种处理方式是利用钟表模型。可以通过拨动时针、分针，教他正确认识时间，再对应真实的钟表去观察学习。在做每项正式的、清晰的活动或事情时，都提醒他看时间，比如，早上 6：45，我们开始吃早饭；晚上 7：15，我们开始写作业；晚上 8：30，我们开始洗漱……这样慢慢建立起孩子在实际生活中的时间概念。

第二种处理方式是画时间、画钟表。孩子实际画过时间（包括钟表的时针、分针，甚至是秒针），他对时间的印象才会更深刻。

这两种方式都是建立孩子时间概念的前提。

当然如果孩子已经读三四年级甚至五六年级了，这一步就可以省略。

第二，进行一分钟专项训练。

强化孩子的时间观念，还有一项很实用的"技术"———分钟专项训练，让孩子感受一分钟之内可以做什么事，做多少事。

比如，一分钟口算。针对孩子的数学学习内容，准备几十个加减乘除的口算题，规定时间一分钟，看孩子能完成多少道题目。这样，孩子就会明白，一分钟内能算这么多题目，那坐在桌前好几分钟、十几分钟都算不出几道题的话，就说不过去了。

再如，一分钟数字书写训练。每天让孩子练习一分钟书写"0、1、2、3……15、16……"一直往后写，看看一分钟能写到多少，但要保证完全正确，在某种程度上，这也是专注力的训练。随着孩子越写越多，越写越顺，他就会有一分钟能写很多数字、能做很多事的感觉。

又如，一分钟汉字书写。让孩子写语文课本上正在学的生字，不用刻意找难写的，没学过的，看孩子一分钟内能写多少汉字，做个记录，让孩子自己回忆一下：平时写作业时是不是浪费了很多时间，以后写作业再浪费时间，是不是就不合适了？

在每次训练完之后，要及时记录孩子的成绩，并与之前的成绩进行对比，训练以一星期为一轮，每天一次，连续7天，可以坚持2~4轮，孩子写作业的效率就会有明显的改观。

第三，给孩子讲明白时间的种种特性。

作为成年人，我们总会感叹"时间过得太快了"，但孩子却并不会这么想，他反而抱怨"时间过得太慢了，我好想快点到 ××时间"，所以哪怕是拖延时间也毫不心疼。

要提升孩子的时间观念，就要让他明白时间到底是什么。比如，时间一去不复返，一旦浪费就再也找不回来，没有人可以让时间倒流；时间转瞬即逝，永远都有自己的节奏，不会因为某个人的需求而变快或变慢；时间不可复制，很多事情都有最佳完成时机，一旦错过就无法找回，因为你已经不是当初的你，错过只能徒留遗憾……让孩子对时间特性建立初步认知。

第四，教孩子合理安排写作业的时间。

这个合理安排包括两方面，一是"什么时候开始写作业，以及什么时候写完"，二是"如何分配各科作业时间"，也就是帮助孩子建立起做事情的次序。

注意提醒孩子"凡事赶前不赶后"，这样不仅办事效率能得到提升，还能多出很多富裕时间，可以额外安排更多的事情，从而实现对时间的高效利用。

第五，教孩子学会给自己制定时间表并严格执行。

这个时间表实际上也就是每天的学习和生活计划，主要体现在时间点上，也就是在什么时间做什么事，要落实在白纸黑字上，清清楚楚地写下来。

呈现的方式类似学校每天的课程活动时间表，几点几分到几点几分做什么事，两件事之间应有休息时间。每件事后再列七个括号或方格（以一星期为单位，代表从星期一到星期日），每按照时间做完一件事，就在里面打一个对勾，做记号。

序号	时间段	落实事项	执行周期（从星期一到星期日）	备注
1	8：00~8：40	××××××××××	(√) ( ) ( ) ( ) ( ) ( ) ( )	
2				
3				
4				
5				
……				

　　一张时间表可以使用一星期。一般来说，三个星期（21天）就能养成一个好习惯，所以不妨给孩子打印4~5张这样的表格，以巩固这样的习惯。

　　表格中的对号，是孩子对自己的监督。当然，对于一二年级的孩子，妈妈还是要监督孩子完成，如果他没有及时完成，还得提醒他。

　　对于小学中高年级的孩子来说，刚开始其实也需要妈妈适度的督促与帮助。一定要注意，是适度帮助，而不是包办代替，还要注意提醒时的语气、语调和表情。

　　制定这个时间表的时候，妈妈可以跟孩子一起讨论，帮他参谋一下，但最终的时间表还是要征得孩子的认可。

　　这个时间表如果能够严格执行两三个月甚至一学期的话，孩子就会成为一个做事有效率的人，写作业更是会变得自动自发。

　　注意，妈妈要做的工作只是关键性的辅助，而不是事无巨细地提醒甚至是代劳，比如不要对着时间表说："该写作业了！""该吃饭了！""该关电视了！""该洗漱了！""该洗澡了！""该关灯了！"……妈妈一股脑地提醒，替孩子全权安排，对他的成长没有任何帮助，因为他还是被动地接受时间安排，自己不用操心，时间观念也就建立不起来。

时间训练，让孩子学会掌控自己的生活

时间贯穿人生始终，所以对时间的掌控，显然并不能只局限于写作业时。写作业只是孩子生活的一部分，我们引导他学会合理分配写作业时间，高质高效完成作业，其实就是借助写作业这件小事，帮孩子意识到时间在生活中的重要性，学会珍惜、使用时间，最终掌控自己的生活。

为实现这个目标，可以对孩子开展时间训练。训练分两步：第一步由我们来帮助孩子确立基本的生活"节奏"，帮他养成良好的时间习惯；第二步则是要灵活处理对时间的安排，教孩子学会自主管理时间。

第一步很好理解，孩子成长初期本就是一个养成各种好习惯的大好时机，在时间培养方面，可以采取各种"时间安排顺序表"。

拿起床来说，可以教孩子"晨起五部曲"，即起床后需要他主动且连续完成五件事：穿衣服、叠被子、洗漱、早餐、出门前各项事物检查。

这五件事的时间要稍有富余，但基本时间安排不要太松散，最好有一个规定。比如，孩子要在早上 7：30 准时出门上学，我们可

以把时间设定在7：20，给他留出10分钟机动时间，以免有临时状况出现。如果有一项磨蹭了，比如早上孩子睡眼惺忪，有起床气，不愿动弹，穿衣可能就会延时，那么叠被子、洗漱（大小便）时就要加快速度，所以留出富余时间很有必要。

除了晨起五部曲，还可以在其他相应时间里具体安排，像是"作业N部曲""饭后安排N部曲"等，引导孩子时刻注意时间在他生活中发挥的作用，以及他高效利用时间后自己的良好感受与变化。久而久之，孩子会对时间产生身体记忆，也就是他身体中的生物钟会逐渐调节到一个合适的状态，不论做什么事就都能有时间观念了。

在孩子养成好习惯后，就可以进入第二阶段了，即允许孩子在已经形成良好时间观念的前提下，进行更灵活的时间支配。

之所以还要有第二步，是因为孩子会不断成长，他的自主判断能力以及分析解决问题的能力会越来越强，而且伴随能力的增强，对某些时间的运用就需要他自己来控制了。

还用晨起时间来举例，当孩子明确了时间观念，并且各方面能力有所提升之后，若是还用这按部就班的五部曲就显得死板了，且孩子也会因为这种"固定模式"而不自觉地偷懒，像是本来可以很快完成的事情，他会以"时间还未到"而拖拉。

所以，也要提醒孩子，如果他已经可以熟练到靠身体记忆就能解决各种问题时，他对时间的利用就要更精细一些。

随着课业增多，晨起的时间，孩子完全可以更高效地利用起来，比如在穿衣、叠被、洗漱时，头脑中可回顾单词、定义、定理、诗词、文章。根据自己的睡眠需求来进行晨起时间调整，早起半小时就能多出半小时处理更多的事情。随着成长可以自己安排早饭，那做早饭的时间也要调整出来……

也就是说，这些时间安排不一定是固定的、死板的，孩子要意识到自己的成长和进步，需要不断调节时间安排以便更适应自己当下的需求。

另外，我们在孩子进行时间训练时不要太干预，毕竟孩子才是时间训练的主角。如果发现孩子过得太过于懒散怠慢，我们可以了解一下他的时间安排，若必要可建议他进行调整，但不要擅自给他增加任何多余的计划。

尤其是关于学习时间，要尊重孩子的节奏，如果他的安排的确不合理，可以跟他进行平和而深入的沟通，并给出你的建议，前提是亲子间不发生冲突。

只要按计划行事，就不会拖拖拉拉

关于孩子写作业时的拖拉表现，我们可能会看到这样几种情况：

第一种情况：孩子刚开始写作业的时候显得挺积极，可是写一会儿，速度就慢下来了，还可能会停下来歇一会儿，或写得就只剩下了个尾巴，如果去问他，他会很胸有成竹地告诉你："不着急，一会儿就能写完，我就是先歇一下。"有这种情形的孩子，对作业可能都是可以自如应对的，但显然他这样对时间的安排让人很是不解也并不合适。

第二种情况：孩子从一开始写作业就进入不了状态，可能会告诉你："不着急，等会儿再写。"但这个"等会儿"的时间又总是很长，直到最后他不得不写的时候才去写，且这种情况会周而复始，具有很明显的"记吃不记打"的特征，每次都是刚开始时太悠闲，不到最后不着急。

第三种情况：孩子一会儿写写这一科，一会儿又写写那一科，想起写什么就写什么，遇到喜欢的可能多写一会儿，遇到不喜欢的就丢在一边，如果喜欢的是主科作业可能情况还稍好一些，但如果并不喜欢主科作业，这些作业可能就会被他拖延到很晚，最后草草了事。

从这些情况来看，孩子在写作业时的拖拉，来源于他行动的杂乱无章、毫无计划，这说明他对时间的安排是有问题的。

而要解决这些问题，有一个简单直接且有效的方法，那就是制订计划。计划会对时间、事情有一个合理的安排，能让人合理行动，从而在节省时间的情况下，高效完成应做的事情。要解决孩子写作业时的拖拉问题，就要引导他学会给自己订"作业计划"。

"作业计划"属于"学习计划"中的一部分，所以一般来说，它并不需要多么长久的计划，当孩子处在学期中，可以制订"每日作业计划"，而当孩子处在假期中时，因为可休息的时间比较长、作业内容也比较多，则可以制订相对长期一些的"假期作业计划"。

先来看"每日作业计划"。

孩子的作业每天都有，但内容会存在差异，作业科目种类也会不同，所以这就意味着与作业有关的计划不是只制定一次就够了，而是要随着每天作业内容的变化而变化。

孩子每天写作业的时间是有限的，内容不仅包括几个科目，可能还有一些课外作业和一些需要家长配合的作业，要提醒孩子分清这些作业内容的轻重主次，把重要作业优先"排位"，耗费时间长的作业也要妥善安排。当然，孩子也可以按照自己的喜好来安排计划，或是先做喜欢的科目作业，或是趁着有精力先攻克不喜欢的科目作业。

除了轻重主次的安排，还要注意每科作业使用的时间，对于喜欢的、会做的、比较容易做的作业，不要安排太长时间，速战速决、高效解决才是最佳选择；对于比较难的、做起来有些枯燥又纠结的作业，时间安排适当长一些，便于好好思考以顺利完成。

另外，计划中也要留出检查、修改的时间，以保证作业真的能实现高效高质，不仅做得快，还要做得准确。

再来看"假期作业计划"。

假期的时间安排要比平时上学的时间安排宽松得多，没有了学校老师的管束，孩子的相对自由时间也就多了起来，但同时也会变得懒散。

而假期作业的存在，就是为了防止孩子日渐懒散，利用作业不断提醒他们对所学保持印象和记忆，从而在开学后可以继续完美衔接之前的学习。

但很多孩子却并不能领会到老师的良苦用心，所以假期作业能拖则拖。每到开学前，网上都会出现类似"学生疯狂赶作业"的话题，而且每次假期都是如此，无一例外。这就说明很多孩子对于假期作业的安排也是一塌糊涂，漫长的假期就这样被他们浪费掉了。

对于较长的寒暑假，作业计划可以相对长一些，因为相对每日作业，假期作业内容会更多，可以提醒孩子将这些任务分配到假期的每一天（周末也可以不安排），也就是每天都有应该做的事，既有学习又有玩耍，最终作业也不发愁，玩耍也没耽误，这才是合理的计划安排。

不论是每日计划还是假期计划，其实都需要孩子的主动性，就是他要去关注自己的作业内容，产生想要好好写作业的意愿，这种主动性也是决定他的计划是否合理，是否能顺利进行下去的重要因素之一。

提醒孩子抓住"黄金时间"

要做一件事，只有在合适的时间才能实现最佳效果。而写作业这件事，其实也需要"选择合适时间"，这个时间被视为"黄金时间"。

从写作业的角度来看，什么时间算"黄金时间"呢？就是孩子精力充沛、思维灵活、不饥不疲，且不耽误、不影响其他事情的时间。在这段时间写作业，孩子可以最大限度地利用时间，高效完成学习任务。

这样来看，"黄金时间"其实并不是一个确定的时间，而是独属于每个孩子的一个格外有精力、能专注的时间段。那么，如何帮孩子抓住这个时间段，以及应该如何有效利用它，就需要我们父母的帮助了。

第一，协助孩子确认属于他的"黄金时间"。

一般而言，写作业的"黄金时间段"一般都在傍晚放学后到睡觉前，但具体到每个孩子可能又不完全一样。比如，有些孩子的"黄金时间"可能是放学后到吃晚饭前，因为刚离开学校，所有的知识内容都还新鲜，趁热打铁，早做完作业早结束；有些孩子的"黄金时间"也许是晚饭后到睡觉前，放松时间过去了，也吃饱了，没有其他事来干扰，可以好好地学习；有些孩子的"黄金时间"可能是晚饭出门散步回来后……

若是假期，就要看一整天里，孩子在哪段时间会有更好的表现，那段时间就是"黄金时间"。比如，有些孩子在上午九十点时愿意聚精会神地学习，有些孩子则在下午三四点时才想要写作业，还有些孩子可能依旧延续上学时的规律，在晚上七八点……

不论是哪种"黄金时间"，只要孩子已经习惯了，只要他真的能在那段时间做该做的事，我们就不要随意影响他的选择，一切还是以孩子的需求为主。当然，如果有些孩子非要做"夜猫子"，那么这种影响身体健康的选择，我们应及时阻止。

第二，不要刻意加重"黄金时间"带来的紧迫感。

这一点应特别注意。因为有的妈妈过分关注"黄金时间"，到点就会提醒孩子，反复强调这个时间点的重要性，结果反倒让孩子产生了压力。尤其是有时候孩子遇到"突发状况"临时有变，如果此时还去强调"黄金时间"，无疑更会增加他的心理压力。

所以，我们更应该关注孩子是不是养成了合理利用时间的好习惯，在习惯养成过程中偶尔提点一句，提醒他珍惜时间，及时学习、写作业，比如，"到时间了，开始写作业吧！"但也不需要反复说，否则也会让孩子产生不被信任感，导致心生叛逆。

第三，教孩子正确利用"黄金时间"。

"黄金时间"是一个客观存在，但它能否对孩子写作业发挥最大作用，还要看孩子自己。只有孩子自己的合理表现，才能让这段时间真正成为属于他的"黄金时间"。

对"黄金时间"的利用，可以提醒孩子跟前面提到的"每日作业计划""每天的时间计划表"联系起来，把更多主要作业内容安排在这个"黄金时间"里，高质高效完成作业。

特殊情况下，作业应灵活处理

在孩子学习这件事上，一些妈妈总是有种不满足心理，总觉得孩子"还有余力"，希望他能发挥全部"潜能"。很多妈妈都信奉这样一种说法：对于孩子，你不逼他，就不知道他到底能做到什么样，你只要多催促、多管束，他就准能表现得好。

就拿写作业这件事来说，你鼓励孩子养成良好的习惯，可当孩子已经表现出"每天都能好好写作业"的状态后，你却不满足，还想要他做到更多，比如额外布置作业，在假期强加额外学习内容，于是孩子在很多时候总会表现出一副"我很累""我很烦躁""我不喜欢"的样子，但这时有妈妈就又说了，"你现在不努力，以后就……（各种不好）了"。

其实孩子并没有那么多"不想好好表现"的意图，哪个孩子不希望"平静、平安"呢？他认真好好表现了，父母也舒心愉快，皆大欢喜的局面也是他自己所期待的。可是，不要忘了，孩子也是一个独立自主的人，他除了有自己的想法之外，身体状态、能力水平也都有限，我们要看到他的真实状态，了解他的真实想法。

所以很多时候，并不需要一直催着孩子必须往前跑，就像写作业，除非特殊情况，一般都并不需要他完成课内作业后还要不断地去完成各种其他作业。如果只顾着让他向前跑，却不关心他的感受，他反而可能会跑向你所不希望的方向。

有时孩子也需要放慢脚步，停下来休息一下，或停下来看看前进方向，修正之前的问题，就像在高速公路上驾驶，为什么沿途那么多服务区？就是为了能让司机及时休息、调整状态，给车加油，以保证一路行车安全。

那么在写作业这件事上，也有些特殊时刻，一种是日常写作业时遇到的特殊情况，另一种则是可自由支配时间比较多的假期时刻。这时应该如何处理呢？一个大原则就是灵活。

在日常写作业时，谁也不知道下一秒会发生什么事，也许订好了计划，但突然一件事到来，这个计划就打乱了，那么孩子要学会随机应变。

比如，本来定好了晚饭后要写作业，但突然家里来了访客，孩子躲着不见人似乎不太礼貌，这时需要有一个简单的接待礼仪，然后委婉地表达自己还有作业要完成的需求。孩子原本的作业时间可能就会被延后。同时，客人在家，环境就会变得比较嘈杂，孩子还要克服环境中的这些干扰，保证自己写作业时不受影响。

再比如，家里突然停电了，孩子也要临时改变计划，了解停电原因，及时解决问题或耐心等待供电恢复，或去寻求其他解决方案。

对于可自由支配时间比较多的假期，作业安排可以灵活一些。有些孩子的确可以做到每日完成作业，但也有很多孩子的作业时间会变得不固定，要么是每天写作业的时间不固定，要么就是今天空出来一天，明天完成两天的作业，或者今天一下完成两三天的作业，未来的两三天就一直玩耍……

其实在假期里，很适合让孩子自己练习掌控时间，对孩子的安排，我们不要过多干涉，因为完成作业是最终目的，不论孩子如何支配时间，不丢掉作业就好。只要他不是完全忘记了作业这回事或者放弃了之前养成的良好的作业习惯，信任他就好。

但有一点很重要，就是不论是平时生活中的特殊时刻还是假期，你都不能把孩子逼得太紧，要注意劳逸结合。尤其是假期，孩子可自由支配的时间多了，引导他合理利用时间就好，不一定要帮他安排太多事。

更何况，为什么孩子会有假期？其实也正是为了让一直处于紧张学习状态的孩子能有一个良好的休整过程。假期本来就是用来休整的，这很符合孩子的成长需求。经历过一段时间的学习后，孩子的大脑需要消化吸收所学内容，也需要调整一直紧绷的精神状态，而身体经历了之前的每日"训练"，也要有一个调节过程，假期恰恰是好时机。孩子的整个身心都将得到休整，如果把这段时间也占用了，让孩子如平时每日上学一样毫无轻松感，连轴转的孩子身心势必都会陷入劳累中，那就更加什么都做不了了。

05

不吼不叫，

引导孩子更专注高效地写作业

注意力不集中也是孩子写作业过程中的一大问题，总是被其他事情分神，孩子写作业的时间不知不觉就被拉长，最终的作业质量当然也就没法保证了。孩子出现注意力问题显然也不能靠吼叫来扼制，因为越吼叫可能越难以专注。需要理智引导，才能让容易分心的孩子更专注高效。

引导孩子"一次只做一件事"

写作业是学习的一部分，当然要专注才行，但显然有些孩子就是做不到集中注意力，而一些父母也颇沉不住气，于是家中因为孩子不能专注写作业闹得鸡飞狗跳。

曾有新闻报道：因为听到有男子在家里大声吼孩子，孩子哭得撕心裂肺，小区的邻居随即报了警，希望民警能解决一下。民警赶到之后一了解情况，才发现是孩子的爸爸在陪孩子写作业，结果孩子的注意力不集中，爸爸自己也逐渐失去耐心，由愤怒到崩溃，实在忍耐不住才吼叫不止。正是这种"吼叫式教育"，吓得邻居报了警。

当孩子不能专注时，作为旁观者，我们内心也非常焦急。其实孩子并不一定不会做，只不过他当下的心思可能没在眼前的作业上，他还在想着其他的事，也就是我们所熟知的"三心二意"。

有些孩子的三心二意是在该学习的时候想着玩，但有些孩子的三心二意则是同一时间想到了太多其他学习的事情，不论哪种情况，都并不利于孩子专注能力的培养。

所以，孩子一次只做一件事是合适的，他不需要考虑太多，哪怕的确有很多事等着他去做，但也不需要同步进行，做完一件事再做另一件事，更适合他当下的学习状态。

那么当孩子写作业的时候，就要引导他学会"一心一意"：

第一，开启"作业模式"之后就专注于作业。

如前所说，有的孩子知道自己应该做作业，但同时却又想着学习以外的其他事，对于这种情况，我们可以和孩子商量一下启用"作业模式"，也就是按照之前安排好的作业计划，选择合适的"黄金时间"，直接开启"作业模式"。

"作业模式"一旦开启，孩子所有的关注点都应该放在作业上面，除非特殊情况，否则其他任何事情此时都不在他的关注范围内，也就是这个时候我们反倒需要孩子做到"两耳不闻窗外事，一心只读圣贤书"，除了学习，其他事情暂时都不需要他操心。

这种"专注于眼前一件事"的习惯，需要我们平时多对孩子讲一讲，比如可以提醒他越是认真，效率越高，这样反而能够节省出很多时间来做更多的事；越是想着其他的事，效率越差，还可能引发爸爸妈妈的不满，自己也会觉得怎么作业怎么总也做不完，效率越来越低。

第二，教孩子学会使用"番茄工作法"。

所谓"番茄工作法"，就是选择一个待完成的任务，设定一个一定时长的番茄时间（25分钟），然后专心投入到工作中，直到番茄时钟响起，经过5分钟左右的短暂休息后再开始下一个番茄时间。每四个番茄时段后可以将休息时间延长一些。

番茄工作法是一种简单易行的时间管理方法，也能有效避免孩子在同一时间里"想得太多"。可以提醒孩子把"番茄工作法"与他的作业计划相结合，比如将不同科目的作业分配到每一个番茄时间中去，每个作业根据难易主次以及喜好程度来设定合适的番茄时间，小闹钟或者计时器此时也可以被利用起来，让孩子在紧张有趣的"工作时间"中实现专一。

第三，把一科作业进行完全处理后再进行下一科。

我们提倡让孩子"做完一科再做下一科"，可有的孩子"做完"的作业却总是错误连连、问题多多，应付、赶时间、急于把不喜欢的科目做完……这些想法都会导致写作业时的不严谨，且这样的作业存在的问题可能会不断累积，日后反而成为这一门学科中的大问题。

所以，这里孩子要实现的"做完一科作业"，应该是对其进行完全的处理，不仅保证做得正确，还要保证自己已经检查过了错误，纠正了问题，遇到难题也已经及时解决，换句话说就是将与这一科作业有关的内容都已经处理好了，再去进行下一科。

做理智的"环境规划师"

环境的重要作用，古人很早就注意到了，"昔孟母，择邻处"，讲的就是孟子的母亲为能让孟子有一个好的学习环境而"两迁三地"的故事。父母也都希望能给孩子提供一个良好的学习环境，保证他能静心、专注地学习。

从"孟母三迁"可以发现这样一个事实：对于环境，我们是有主动选择权的，只要有心，就可以为孩子创造出一个适合他学习的良好环境。孩子对于环境没有选择性，反而更容易出现"随遇而安"的状态，这是因为孩子是不定性的，他一路成长又恰恰是为了定性，所以他在怎样的环境里成长，那个环境就会对他产生影响。当环境杂乱时，他的注意力自然会被那些杂乱的东西所吸引。学习本就挺辛苦，再加上有其他事物吸引，孩子自然也就无法做到专心。所以，我们要成为一个"环境规划师"，为孩子能够专心学习尽到辅助责任。

首先，减少环境中的各类干扰。

环境是可以创造的，我们要尽量减少环境中可能给孩子带来干扰的事物。

比如，为孩子准备合适学习的地方；拿走周围一切与学习无关的东西，至少在孩子写作业这段时间里，包括玩具、零食、课外书以及其他可以转移孩子注意力的物品；暂时控制一下家中说话或其他声音的音量，除非必要不要大声叫嚷；尽量不在孩子写作业的过程中去指使他做什么事或者询问他什么事；等等。

其次，做一个遇事不受环境干扰的好榜样。

在不轻易受环境影响这方面，我们也可以通过自身的榜样作用，引导孩子学会自主屏蔽外界与己无关的各种事物与事务。

比如，当我们看书时，如果遇到外面有什么嘈杂，除非涉及自身安危等特殊情况，否则可以选择不动、不理，继续认真看书；当孩子在旁边玩闹时，依然可以专心做自己手中正在做的事情；对于外界的影响，像是孩子来和你说话，你以最快的速度处理一下，然后转头再迅速投入到自己的事情中去……这些表现都会给孩子带来潜移默化的正向影响，他也会跟着我们学会在嘈杂环境中去保持自己的专心致志状态。

再次，肯定孩子在杂乱环境中对本心的坚守。

尽管我们非常希望能给孩子创造一个平静的环境，但有时却事与愿违。可是，你千万不要小看孩子，因为的确有孩子可以凭借自己的能力与杂乱的环境对抗，且最终取得成就。

有新闻报道说，2020 年 5 月 25 日，武汉市一名 10 岁小男孩在自家餐馆的角落里专心上网课，书桌是用两个纸箱拼成的，只够他放两个胳膊。餐馆临街，一到饭点，餐馆里吵闹不已，但是小男孩

却认为，和爸爸妈妈在一起，学习很有动力，而且"只要我读书的声音够大，就听不到别的声音"。

对于这样的孩子，难道不应该给予大大的鼓励与肯定吗？我们要善于发现孩子可能偶然出现的好行为以及正在慢慢养成的好习惯，然后肯定他能在这样的状态下坚守本心，这对于孩子排除环境干扰、专注学习也很有推动作用。

最后，不要刻意营造过分安静的环境。

我们要做一个"理智"的环境规划师，不能为了营造安静环境而太过刻意地去表现。比如，为保持安静，每到孩子学习时，就互相提醒不能说话，不能随意走动，不能发出任何声响，这样刻意而为之，反倒给孩子带来了压力，而且这样做还可能会引发另一个弊端——孩子一旦习惯了这种过分安静的学习环境，当他身处家庭外的环境时，就会无法适应，这并不利于他与外界的接触，还很有可能会被社会大环境所"淘汰"。

所以，我们尊重孩子对于安静环境的需求，但也要保持一种自然的生活状态，比如该交流的交流，该走动的走动，只要控制一下音量和活动力度就可以了。

另外，要教孩子学会屏蔽环境带来的影响，而不是让环境来迁就他，毕竟各种环境都是客观存在的，而保持专注安静、精神内守的主动权其实就在孩子手中。

留心孩子"装"出来的各种"专心"

真心实意地专心致志，才能保证一个人的努力付出是值得的，并真正为其带来成就感。但有些孩子的专心并不是真正的专心，而是装出来的。

比如，有的孩子坐在书桌前好久，一动不动，你以为他在认真写作业，可实际上他面前的书本根本都没翻页，手里拿着笔也只字未写，脑子早就神游天外了。

其实很多孩子的这种"装专心"也算是一种无奈之举，就是为了躲避吼叫，因为总有人在耳边不停地提醒他，"你要认真""你要多审题""你的作业要多注意""你不好好学习以后就……"如果这样的话太多了，为了应付妈妈，让自己清静下来，孩子也就学会了"粉饰太平"。尤其是当他发现，自己只要装出专心的样子来，妈妈就能表现出满意的态度，他也就更加"乐此不疲"了。

但因果事实永远不会欺骗人，装出来的专心终究只是对时间的浪费和对学业的不重视，最终不论是考试结果还是学习成果，都无法令人满意。

其实，正是我们和孩子双方的问题才导致这样的结果。所以，为了帮助孩子摆脱"装"的心思，我们也要考虑得更深层一些。

首先，从孩子的实际学习效果来判断他是否真专心。

如果你怀疑孩子的专心是装出来的，那就去好好观察一下他的日常学习状态，并检查一下他的实际学习成果，必要时可以多多询问。

其实孩子是不是专心，在他的日常作业中都会有所体现，比如，是不是错误百出、问题连连，是不是丢三落四、颠三倒四，有没有漏掉、忘记的作业内容等。还比如，他对任何知识点的抽查能否说出个一二三，否则可能就是在敷衍。

其次，心平气和地了解孩子"装专心"的原因。

孩子"装专心"这件事，显然都不是平白无故发生的，我们还是要去深入了解其背后的原因，才能帮孩子学会诚实应对。

有的孩子就是为了躲避妈妈的吼叫和唠叨，这时他内心的理解就是"只要我看上去是'专心'的，妈妈就不会吼叫和唠叨了"。而如果父母看到他的"专心"真的就不吼了，他会觉得这种装很有效。

有的孩子则是为了掩盖自己的所学不精，不会、不懂、不想做，装一下专心致志，然后再想办法解决作业中的这些问题，就不会被训斥。但要注意的是，他想出来的解决办法，很可能是抄作业或者从网上找现成答案，而"装专心"则恰恰给他提供了可以独处从而自由行动的便利。

还有的孩子有心事，但如果只顾着烦心事而不好好做作业，就会被指责训斥，那就装一装专心，但实际上他内心却可能在"演绎一出剧"或者"思想在打架"。

最后，根据孩子的需求，及时调整对孩子学习的态度。

如果仔细分析一下，孩子"装专心"的一个重要原因，无非就是为了避免妈妈的吼叫。可见，如果我们自己的教育方法不能令孩子心服口服，他就很可能会选择"剑走偏锋"。

孩子的学习是循序渐进的，所以不能急躁。有问题就解决问题，只是吼叫反而会让自己和孩子都陷入不满中。孩子要改正错误需要时间，坏习惯的纠正需要时间，好习惯的养成更需要时间，所以要有耐心，不要动不动就训斥孩子"你怎么就这么不省心"。

总之，要了解孩子的学习现状，并尊重他的需求，如果他需要一个宽松的学习空间，我们就不要用自己的吼叫带给他窒息感。另外，我们也要放松心情，相信时间，相信孩子的努力，当我们不那么紧张时，孩子的主动性反而更容易被激发出来。

警惕"高科技产品"的过度"入侵"

早在 20 世纪 90 年代，美籍华裔医学博士、哈佛大学教授雷久南女士就曾写过一篇题为《电视带大的孩子》的文章，其中指出：

孟子如果出生在 20 世纪末的中国，他可能在电视机前长大，孟母可能因为没有立刻觉察到电视的长远负面影响，也不会阻挡。小孟子的大脑会因为失去正常童年的游戏、玩耍、运动、听故事、牙牙学语和好奇心驱使的学习而发育不全；成年后也不会有深度的观察和思考能力，没有高尚道德责任感，也不会对中国文化有特殊的贡献。如果电视早 500 年在欧洲出现，现今我们可能听不到莫扎特、贝多芬和其他近代音乐家的杰作，也见不到达·芬奇的画和发明；如果电视早在中国出现，李白、杜甫也不会写诗，很多艺术精华都不会出现，也不会有中国文化。

这里说的还仅仅是电视，可今天，随着科学技术的不断发展、生活水平的不断提升，越来越多高科技产品进入了我们的家庭，这些高科技产品为我们的生活提供了诸多便利，可其强大的功能却也会让人沉迷其中，比如功能越来越多的智能手机，就让很多人再也离不开它，以至于工作、生活和健康都受到影响。

而对于孩子来说，手机、智能学习机、平板电脑等诸多电子产品也对他的学习和生活造成了不小的干扰。有的孩子沉迷于这类产品带来的社交、游戏、娱乐中而荒废了学业；有的孩子遇到难题就"求助于"这类电子产品，去"询问""搜索"，自己不再动脑；更严重的问题是，智能手机、平板电脑等电子产品都需要联网使用，网络世界中的复杂信息可能就会影响孩子的思想，最终导致对其生活的过度"入侵"。

尽管如此，我们也不能绝对禁止孩子使用高科技产品。因为在当下社会生活中，孩子必然会接触到这些产品，这是大势所趋。高科技产品是当下时代的需求，比如现在，很多学校都会借助班级群来发布信息和通知。在新冠肺炎疫情期间，很多孩子就是通过电脑、手机来上网课完成学业的，可见这些高科技产品已是我们生活中不可或缺的物品。

所以，要帮孩子正确使用高科技产品，使其成为他学习生活的助力。

第一，明确家中物品尤其是高科技产品的归属权。

曾有妈妈询问说："孩子在家总是玩我的手机，不让玩的话，就去缠磨爷爷奶奶，玩他们的手机，怎么说都不管用，这应该怎么办？"

应对这样的情况，有一个方法很简单直接，就是明确家中物品的归属权。归属权，简单来说就是"这件物品到底属于谁"，明确所有物品的归属权后，就可以在家中制定这样一个规矩：自己的物品，他人在没有得到允许的情况下是不能随便触碰的。

可以把手机、平板电脑等高科技产品的归属权划归到自己身上，因为不属于孩子，所以他并没有使用权，如果他真的要用，就需要征得"主人"的同意，否则就不能用。

这种规矩的建立，也有助于纠正家中关系混乱的局面，尊重彼此的独立性。除了孩子，家中的所有成年人都应该加入到对规矩的执行中来，久而久之，孩子会对他人的手机等高科技产品产生一种"非我物而不动"的自觉性，从而打消想要玩手机等高科技产品的念头。

第二，根据实际情况来判断是不是需要准备相应的高科技产品。

你在给孩子准备那些高科技产品的时候，是出于什么原因呢？

"别的孩子都有，我的孩子也要有。"

"我们教不了太多，学习机这样的东西包罗万象，孩子有问题就能得到解答，比我们可管用多了。"

"天天跟我要手机，太烦了，干脆给他买个，大家都清净。"

"感觉这个挺高级，应该对孩子的学习有帮助吧！"

……

这些理由貌似都有道理，然而你却可能忽略了一个实际情况，孩子是不是真的需要这么一个高科技产品来辅助学习？

孩子是不是必须要有相应的高科技产品，你应该掌控主动权，要观察孩子的生活与学习需求，而不是盲目跟风他人；要根据孩子的能力表现，来判断他是不是需要高科技产品做辅助；和孩子聊一聊，可以和他关于如何使用这些产品"约法三章"，且说到做到，严格执行。

第三，从"我"做起，教孩子学会理智看待高科技产品。

孩子会"眼馋"高科技产品，除了他自身的好奇心之外，还有就是我们的影响。如果我们都离不开这些产品，孩子自然也会"有样学样"。

所以，我们应该有所改变，给孩子展示出一种"做生活主人"的风范，也就是把高科技产品看成是所有物品中的一分子，使用高科技产品只是生活的一部分，借助高科技产品是为了让生活更美好、学习更有效。我们要能合理安排生活，把工作、运动、陪孩子玩耍、正确使用高科技产品等都在生活中展示出来，以此让孩子明白，高科技产品并不是生活的全部，我们要带孩子做高科技产品的主人，而不是被它所支配，成为它的奴隶。

思想发散出去，心要收回来

学习是一件需要调动思维的事，只有大脑转动起来了，思维发散出去，能够联想思考了，才能将知识融会贯通，并能更好地消化。

可思维却具有一定的"不可控性"，会随时"跑偏"，只不过对于成年人来说，在需要专注的时刻，我们可以努力控制住"不乱想"，或者就算"思想"跑远了也能及时调整，可是孩子就不一样了，他的思维一旦发散出去，可能就很难收回来。

比如，孩子看似是坐在桌前写作业，但他的脑子里可能已经开始"演小剧场唱大戏"了。但如果我们因此就训斥孩子"不能胡思乱想"，可能也并不能起到什么积极作用。

在学生阶段，孩子的思维力都会得到一定的开发，这原本是好事，有时我们还会乐见孩子因为一件小事而将思维发散到很多其他事情上去，将其称为"属于孩子的美好的想象力"。然而对于正在学习和吸收知识的孩子来说，他应该学会让思维在合适的时候发散，在需要收敛的时候收敛，也就是"思维要发散出去，但心要收得回来"。对此，可以这样引导：

首先，肯定孩子愿意动脑的积极主动性。

愿意动脑筋原本是一件好事，孩子的学习本就需要他积极动脑，所以对于平时孩子表现出来的善于思考、联想，以及愿意动脑筋去分析问题并想出解决之道的做法，都应该予以肯定。这种肯定的态度使孩子明白，思考本身是一件好事。

尤其是对孩子的一些奇思妙想，或者一些彼此关联性很强的思考，我们还应该予以鼓励。来看下面这位妈妈的经历：

一天，电视新闻中提到了西方种族歧视的问题，一旁6岁的孩子忽然开口说："妈妈看的《绿皮书》（美国电影，讲述了一段跨越种族、阶级的友谊故事）里也讲过平等，是黑人和白人的故事。"

妈妈很惊讶，因为那部电影是她在一年多前看的，只是简单给孩子讲了一下电影故事的梗概，提到了关于种族平权的内容。但令她没想到的是，时隔一年多，孩子再看到相关的新闻，竟然还能想起之前她说的那些话，而且彼此之间的关联也很准确。妈妈忍不住夸奖孩子，肯定他的记忆，也肯定他对事情的联想与判断。

妈妈很是感慨，原来孩子的思维能力如此之强，如果能够被好好引导，孩子的思维能力应该能得到很大的提升。

这位妈妈的感受没错，孩子的思维能力的确不容小觑。我们对他这种发散性联想的肯定，会促使他更愿意多动脑，遇事也会愿意多思考。

其次，提醒孩子牢记思维发散的基础以便于及时收回。

有些孩子的思维一旦发散开来，就好像是一棵疯长的树，他可能会从某一个问题点开始思考，但思考到一半又联想到了另一个点，接下来的思考就又以这个点为起点发散开来，之后可能又想到了某一个点，然后又由这一点继续发散，前后彼此之间没有什么必然的联系。

显然这样的发散并不利于孩子对于一个问题的深入思考，所以要提醒他牢记，自己为什么思考。比如，他要思考这道题怎么解答，这是他思维发散的基础，之后他所有的思考都要围绕这个点来进行，这样他才可能思考出同一个问题的不同解法。

最后，教孩子学会把心收回来。

相对而言，只要孩子愿意联想，思维发散出去很容易，可把心收回来就不那么容易了，因为联想会把孩子从当下的事情"带走"，不论是美好的联想还是不好的联想，都会牵引孩子的情绪，结果就可能导致他把本应该做的事情抛到了脑后。

所以，要教孩子学会把心收回来，提醒他时刻专注于自己当下正在做的事，也就是不论思维怎么发散，都要留一个关注点在自己当下的行为上，以便提醒自己不要"顾此失彼"。如果发现自己的心思已经跑远了，就要赶紧把注意力转移到眼前的作业上来，以最快的速度调整思维，把思路重新拉回到需要解决的作业问题上。

做作业，当然不是"做交易"

为了能让孩子专心写作业，父母可谓绞尽脑汁，想了很多办法，实在不行了就吼几嗓子，但"怎么说孩子都不听"，父母也就变得越发焦躁。既然诸如吼叫、训斥这样的"硬方法"不行，那就来"软"的吧，于是便有人想到了"利益交换"的方法，开始和孩子做起了"交易"。

这个"交易"很简单，由妈妈提出"交易条件"，孩子衡量"条件"并"讨价还价"，最终双方达成"协议"，而"交易"的重点对象就是作业。

比如，有的妈妈用奖励进行"交易"，"如果你认真写作业，我给你买一个玩具"；有的妈妈则是用承诺进行"交易"，"假如你认真写完作业不出错，我就答应你一个要求"；还有的妈妈则是用金钱来进行"交易"，"每做完一科作业，我就给你发一个红包"；等等。

但你以为孩子就这么乖乖服从"交易"吗？并不全是，有的孩子最开始进行"交易"时会觉得非常新鲜，可能会按照交易内容去做，但时间久了，他也"交易"出了"经验"，可能就不那么容易在"交易条件"上谈拢了，甚至还会有孩子中途"加价"，不满意就不好好写作业。更有的孩子自己掌握了"交易"的套路，反倒主动来和我们讲起了条件，就好像让他写作业是一件多么"不值得"他付出的事情，必须要有补偿才行。

学习原本是孩子自己的责任和义务，结果却只因为我们开了"交易"这个头，反倒让孩子把作业和其他任何他想要的事物混为一谈，注意力也全被转移到了"交易"上，这严重违背了孩子学习的本意，当然也违背了我们对孩子开展教育的本意。

所以虽然不再吼叫，但却用上了更不合适的"交易"，这也是很多妈妈在陪孩子写作业时犯的错误。既然知错，就要及时改正。

首先，换掉"如果你好好写作业，我就……"的表达方式。

"好好写作业"这件事对孩子来说天经地义，不存在任何异议，理应是一种必然，也就是说孩子必须要做到"好好写作业"，这是无条件的，更是无偿的。

在日常表达时，我们也不要给孩子错觉，让他误以为"写作业是可以谈条件的"。所以，要温和而坚定地表达自己的态度："我希望你能认真对待的作业，这对你很重要，相信你可以完成好的。"类似这些话是能带给孩子动力的，也会让他明白，写作业是无条件的。如果我们再能心平气和地和他一起认识并理解作业的意义，那就更不需要用条件作交换了。

其次，可以给孩子奖励，但不要做成"交易"。

怎样才能做到这一点？其实就是从我们自身的角度，先要把奖励与"交易"区分开。面对孩子的认真表现，你很想给予他一些奖励作为鼓励，但却不要用"因为你作业做得好"来作为理由，否则很容易让孩子对作业和奖励之间产生因果关系的联想。

你可以肯定孩子"我发现你最近真的很努力"，然后顺势表达"看在你这么努力的份上，我觉得你可以放松一下"，接下来更自然地说出你想要给他的奖励——"我们一起出去玩一会儿"。

你要肯定孩子的良好表现，同时也要让他意识到，好好学习是应该的，而这个奖励是自然发生的，不存在任何条件，所以他接受起来也会很自然。

最后，理智应对孩子提条件的行为。

孩子努力学习，因而考出好成绩，这是他应该做的事。那么对于"应该做到的事"，就像能自己洗脸刷牙、吃饭睡觉一样，也就不存在可与之进行交换的条件。

孩子学得好、考得好时，我们都要收住激动的小心思。这时不论他提出任何"条件"，都不要顺着他去商量"条件"，从一开始就不要给他这方面的希望。父母可以肯定孩子的努力、付出，并告诉他，这才是一个好学生应有的表现，而不要助长他"得到点什么好处"的心思。

良好的注意力也需要训练

面对孩子注意力不集中的问题，有些妈妈会担心孩子以后是不是都不能专注了。其实，大部分孩子注意力不集中与缺少锻炼有很大关系。有的孩子天生就坐得住，能专心致志做事，有的孩子则需要后天有针对性、有意识地培养，注意力才会得到改善。

要注意的是，不要认为"孩子长大后就能专注了"，如果在习惯养成的关键期，也就是孩童、青少年时期没有对孩子进行积极的培养和训练，那么小时候不专注的孩子长大后可能会更加无法集中注意力。

所以，要抓住机会，趁孩子正处在积极培养各种好习惯的关键时期，对他开展适合他的、科学有效且实用的训练，帮助孩子提升注意力，同时也促进他其他方面的能力同步发展。

这里选取一些在家就能很容易操作的方法，可以尝试一下：

第一，教孩子做一些需要细心操作的事。

生活中有很多事与专注息息相关，我们不妨也找一些这样的事，可以让孩子帮忙，也可以把它当作任务布置给孩子，或是选择一些需要认真对待的游戏，让他在快乐中提升专注度。

比如，做饭时，让孩子帮忙择菜、剥蒜，越是细小的菜，像是茴香、韭菜，就越需要孩子认真去择，蒜皮也因为有很多层而需要细心对待，这样的帮厨过程，其实也是一种专注力的训练方法（这也是当前劳动教育的重要组成部分）；缝衣服时，让孩子来帮我们挑针线、纫针，尤其是纫针，更需要耐性、细心和手眼的配合，无形中也会提升孩子的注意力；与孩子一起玩下棋、走迷宫、串珠子、找不同等游戏，不要催促，不要提示，鼓励他独立完成，随着游戏越玩越熟练，他的注意力也会得到提升。

第二，适当使用时间限定与任务限定。

集中注意力去做事，并不是一种无限模式，是有时间和任务限定的。就拿写作业来说，孩子需要在限定时间内完成限定的任务。

所以，对孩子注意力的培养，也应加入"限定"条件。比如，限定在10分钟内，让孩子把分配给他的择菜、打扫等工作做完，要保证做得又快又好；玩游戏时，像是找不同、走迷宫等也可以限定时间，从而提升他的专注度；运动时，如跳绳、跑步，都可以限定时间与任务，可以根据孩子的年龄标准来制定他的任务内容，既能改善注意力，还能提升运动成绩。

另外，对初高中的孩子来说，也可以采取限时抄写古诗词的方式来对其进行训练，经过一段时间的坚持，他的注意力也会得到较大提升。

第三，进行一些比较专业的特殊训练。

有一些比较专业的注意力训练，也很适合在家里进行，不妨用一用。

比如，"7分钟从1写到300"，这其实是南方科技大学2012年在福建省招生时的一道复试题目，这道题目是"在一张单独的试卷上，7分钟内将数字1至300全部写下来"，看似简单，但最终这场考试几乎"全军覆没。时任南方科技大学校长的朱清时对为什么要考这道题有个解释："这是在考查学生的注意力，看他能不能写完、会写错多少。一般人坚持不了7分钟这么高强度的注意力，写到中间就会走神、出错。所以，这道题看似很容易，其实用它考查一个人的注意力是很见效的。"这道题很简单（想写不错又很难），但是很经典，做父母的也可以试试，感兴趣的朋友不妨尝试一下。再多说几句，现在街头有类似的"游戏"（骗局），如果从1写到500不出错，就可以拿走一个玩具，如果写错就需要花几十块钱买一样东西（当然物无所值，可能只值几块钱），结果很多人都认为这件事很简单，于是就去尝试，结果可想而知。从1写到300都有这么大的挑战性，何况写到500呢？所以，我们对类似的街头"游戏"还是要多一分警惕之心。

还有一个训练是舒尔特方格训练法，就是在一张卡片上画上25

个方格，并在格子内任意填写 1～25 这 25 个阿拉伯数字。要求用手指按 1～25 的顺序依次指出数字位置，并诵读出声，同时记录完成时间。完成时间越短，说明注意力水平越高。以 25 格为例，就 7～12 岁的孩子来说，26 秒为优秀，42 秒为中等，50 秒为不及格；12～14 岁的孩子，16 秒为优秀，26 秒为中等，36 秒则问题比较大；18 岁以上及成年人，8～12 秒为优秀，20 秒为中等水平。这个训练法，需要训练者的注意力高度集中，手眼脑口耳高度配合，反复练习强化后，会促使大脑的注意力功能不断被加强，从而提升注意力。最初对孩子展开训练时，可以从 9 格、16 格开始，随着训练不断进行，可以升级为 36 格、49 格等。训练内容也可以从数字到字母，或是古诗词、歌谣等。

写作业，不妨尝试"四 JING"法

关于写作业，我总结了一个"四 JING"法，简单易行有效果。

所谓"四 JING"，就是指写作业时，孩子要达到"净、静、敬、境"四种状态，这样，他的注意力就不会轻易被转移，从而能够专心致志地写作业。

第一，净，就是干净。

干净，就是教孩子学会收拾书桌，在每次写作业前，都先把书桌收拾干净、整洁，把与写作业无关的东西都清到一边，只保留跟作业有关的学习用品——书本、文具等，以减少干扰，写完后也要

再次把书本、文具等收拾干净。

另外，孩子书桌对面的墙上不贴卡通画、不悬挂照片……如果孩子在写作业时，有视觉干扰——眼睛和手边可触及东西太多，注意力就会被分散，如玩具（包括具有玩具性质的新式文具）、手机、游戏机等，对孩子来说都是很大的诱惑，就想伸手摸摸、玩玩，甚至直接从"心动"到"行动"，严重分神。

当这些能够扰乱孩子心绪的东西都被收拾干净之后，孩子的专注力也就随之提升了，写作业的效率也提高了。

第二，静，就是安静。

安静就是要给孩子创造一个安静的写作业环境，如果妈妈或是大声聊天，或是看电视，或是打电话等闹出其他一些动静，孩子有听觉干扰，就无法安心写作业。

再者要注意，陪孩子写作业时，不要在旁边做唠叨式的辅导或者是说教，因为孩子的抗干扰能力是有限的，如果妈妈不注意调控声量、控制情绪，一定会打扰试图或正在专心写作业的孩子，所以妈妈要尽全力"静"化孩子的作业环境。

如果孩子大了，不需要陪伴，那在他写作业时，也要减少干扰，不随意打断他——给孩子送杯水、拿个水果、零食；去看看他做作业是否认真；让他帮忙拿东西；突然想起一件事或一个问题就跟孩子聊天；等等，这些都要避免。也就是说，不要想当然地去安排孩子的事，孩子自有他的节奏，一旦他进入了自己的"工作"时间，父母就要尊重他的独处需求，除非他主动求助、邀请父母加入之外，一般都不要打扰他，专心做自己的事就好。

第三，敬，就是恭敬。

不论何时，只要是有意义的学习，孩子都应该具备一颗恭敬之心。因为作业、书本承载的不仅是知识，更是知识集聚之后的智慧。写作业是学习中不可或缺的一环，所以孩子也要对作业有恭敬的态度。

对待学习，最不可应付、不可敷衍了事、不可偷懒耍滑、不可欺瞒使诈，写作业也是一样，抄袭、借助网络帮助甚至是让人代写，这些都是不尊重学业的表现，学习这件事来不得半点玩笑。

有书读，有作业写，能够学到如此多的知识本身就是学生时代的一种幸福，有人愿意把这些知识传授给自己，理应对知识心存敬畏。如此一来，不论对待多么简单、多么容易做的作业，孩子才不会有轻视之心，才会更有仪式感，才更愿意集中十二分注意力去应对所有的数字、字母、标点符号。越是认真，越有原则，态度自然越端正，当然也就更能集中注意力。

第四，境，就是情境。

孩子在写作业时其实很需要一种状态，就是他整个人应该要自然进入一种情境中，只需要将全部注意力都投入到眼前的作业上，认真对待，借助作业来推进自己的学习。

也就是要营造好的、适合专注写作业、学习的情境。当前面三个"JING"都做好了，孩子自然也就入了这个"境"了，内心平静，不浮躁，不胡思乱想，就像俗话说的，"既来之，则安之"，把握当下。

　　前面提到的第二个"静"，其实也可以说是心静，所谓"心静自然凉"，心静就是心安，心止，也是一种层次，一种境界，或者说是一种升华。心静可以让人"入境"，让人更专注，可以更集中注意力。

　　如果这四个"JING"的"功课"都做到位了，相信孩子在写作业集中注意力这件事上，一定会有较大改观，或者说，他的总体注意力将在这个过程中得到很好的提升。当然，这个"四 JING"法也可以推广到其他事情上去，比如读书、学习、做事等，从而助力孩子取得更大的成功。

06

不吼不叫，

正向引导孩子平心静气解决作业难题

写作业时，孩子会遇到很多难题，但他并不能对这些难题绕道而行。对遇到难题的孩子，大吼大叫是没有用的，因为答案不可能在吼叫中出现，所以应该正向引导孩子。父母平心静气也能换来孩子的平心静气，神清气爽，这样，难题才可能得以顺利解决。

"不会"并非不好好写作业的理由

孩子写作业时会遇到各种各样的难题，当他不理解、看不懂、想不出来或者没学会时，都会以"不会"二字来应付作业。因为不会，写不出来，所以干脆就不写了，于是"不会"就成了孩子不好好写作业的理由。

可是在学习这件事上，怎么能以一句"不会"应付呢？父母当然也不会同意这种观点，或者说更不愿意听见孩子给出这个理由。父母无不希望孩子可以"学什么会什么"，听他说一句"不会"，可是比他要着急得多，急到不知道怎么办时就只能吼叫了。

其实孩子口中的"不会"，可能包括这样几种意思：

真的不会——完全听不懂、没学会，作业对于他来说就好像是天书。

一知半解——只听懂了一部分，只了解了一个大概，遇到复杂的题目就不知道怎么办了。

存在漏洞——对于一些细节部分没有掌握通透，知识学习不彻底，遇到相关题目就抓瞎。

故意不写——各种原因引发的情绪对抗，选择用"不会写"来发泄。

万能借口——为了躲避吼叫，为了偷懒获得帮助，为了应付一切与学习有关的询问。

……

不论是什么原因，父母都应该认真了解之后想办法解决，不要让孩子以为只要说"不会"，就可以忽略、不做作业，或者请他人帮忙来完成。

那么，针对这些可能的原因，不妨试试下面的做法：

第一，耐心帮孩子解决完全不会的内容。

"我不会做"，当孩子说出这句话时，很多妈妈张口就是"别人都会为什么你不会"，这话很没道理，因为孩子之间存在差异，对于学习内容的理解程度也不同。

此时不需要去在意别的孩子学到了什么进度，而应关注自己孩子到底哪里不明白，哪里没开窍。从最基本的知识点开始入手，一步步引导，尊重他的接受速度，引导他逐步建立适合自己的学习习惯，掌握适合自己的学习方法，总能一步一步赶上来。这时最考验的就是父母的耐心，不要去与别的孩子作比较，多关注孩子自身的发展进步就可以了。

第二，教孩子把知识学完整。

一知半解和存在漏洞，都意味着孩子的知识学得不够完整，对知识没有完全吃透，应付一般的作业还可以，但是遇到一些需要思考联想、举一反三的内容，孩子因为掌握的知识链条不完整，可能就会有种"我没学会"的感觉，学到的知识和题目不能完美对接，是这类孩子的主要烦恼。

对待这类孩子，也需要从头帮他梳理知识点，去检查被他疏忽掉的、遗漏的内容，发现一个就弥补一个，直到需要掌握的全部知识点都被补齐。同时也要提醒孩子学会自己多动脑思考、联想，对老师讲授的知识不能只是死记硬背，面对作业题也不能只是简单做完就算了，多思考题目与知识点之间的联系，学会自己出题，让大脑转起来。

第三，及时察觉孩子情绪的变化。

有时孩子说"不会"其实是在发泄情绪，本来他内心就很不情愿写作业，结果父母还非要不停地提醒他做作业，总是挑剔他作业中的毛病，孩子情绪一失控，就会一甩本子，"我不会做，我不做了"。

孩子对情绪的掌控能力并不强，更需要父母的积极引导，所以应该及时察觉他到底出了什么问题，为什么情绪发生了变化，先解决他内心的疙瘩，他不再难过了，自然也就能一身轻松并专注地去应对学习了。

第四，端正自己对待"不会"的态度。

孩子前几次说"不会"，有的妈妈会直接上手帮忙，孩子尝到了"不需要自己动脑也能省力解决难题"的甜头，日后就会如法炮制。遇到孩子说"不会"，有的妈妈虽然会跳脚训斥，但也不会再去耐心了解背后的原因，当孩子发现"不会"能变成万能理由时，也就毫不犹豫重施故伎了。

所以话说回来，还是需要妈妈端正自己的态度，孩子口中的"不会"可能并不如表面看起来那么简单，妈妈认真对待，孩子的一些小心思也就能被敏锐察觉。找准原因去努力解决，要比随便使用蛮力有效得多。

"粗心"是真的"粗心"吗？

每当遇到作业总是写错、考试成绩不好等这一系列问题时，一些妈妈都能从孩子口中听到这种解释，"我就是粗心"。可以说，"粗心"是孩子口中出现频次最高的词之一，好像他遇到的所有问题都可以用"粗心"来解释。

不能否认，有些问题确实是因为"粗心"导致的，比如审题不认真，把"−"看成"+"，看丢了小数点，把"选择不正确的"看成了"选择正确的"……这些的确是可以被归因为粗心造成的，因为只要认真对待，多读两遍题，一个字一个字去确认，就能改变现状。

然而，有些问题却并非因为粗心，只不过是被"粗心"这个表象掩盖了，比如有的孩子在书写拼音时，总是会把"d"和"b"，"p"和"q"写混，如果偶尔一次写混，还可以用粗心来解释，但经常写混的话，可能就是孩子对拼音的理解还不算熟练，还有一种可能是孩子的大脑对拼音的区别处理能力有待发展。

当然也有些问题的确不是粗心，但却全被孩子用"粗心"当借口。比如，孩子考得不好，当妈妈问起时，他可能就会回一句"我都会，就是粗心了，下次就好了"。一般孩子这么说了之后，妈妈大都会觉得"原来是粗心，没啥大事"，然而实际他却可能有很多问题，像是没学会、搞不懂等比较大的问题，都被他一句"粗心"完全掩饰过去了。

与前面提到的"不会"情况有些类似，"粗心"有时候也会被孩子当成一种逃避手段。

而把一切都归结为"粗心"的孩子，内心真的这么认为吗？不一定。

有的孩子经常用"粗心"来欺骗自己，结果最终自己也相信了就是粗心才让他在作业、考试、学习过程中犯错。

但很多孩子内心其实很清楚自己哪里不会、哪里不太明白、哪里是真粗心，那为什么他还选择用"粗心"来当成学习问题的借口呢？

这里其实有我们的原因在，因为我们对孩子的学习问题格外不能容忍，总是吼叫指责，却很少指点；总是训斥教训，却很少教导。时间久了，孩子也摸清了我们的路数，认为我们不论怎样都直接吼一顿了事，也没法帮他解决问题，所以最终他也就习惯了用

"粗心"来推脱，从而躲过被吼叫的场面。

所以，要更理性一些，控制好脾气。这样，孩子在你面前才敢展示他的种种不足，"就算我直接讲出自己的缺点，妈妈也不会暴跳如雷"，他才可能更愿意坦承自己真正遇到的问题是什么。

同时，平时对孩子的关心一定要到位，不要他一说"粗心"，就直接回一句"下次认真点"了事。得去看看他的"粗心"到底是不是真的，问问他是不是明白题目的意思，是不是知道应该怎么做，是不是真的纯粹只是没认真看题或者手误写错。越是细心关注，孩子越能明白在你面前是不需要装也不能装的，那么他就能更纯粹地直面问题。

当然，如果经过一系列的沟通和观察，发现孩子的确是粗心，那也要有相应的对策，比如通过增加一些相应的练习，来让孩子养成细心的习惯。如果他经常粗心写错，就让他多做一些这种可能引发他粗心的题目，让他熟悉出题的模式。

纠正真正的粗心也并不是一蹴而就的事，每当孩子因为细心而做好了一件事，或者做对了之前总出错的题，一定要予以肯定与鼓励。平时你也要表现出细心来，给孩子做个好榜样，争取慢慢将他的粗心问题纠正过来。

偏科，并不是一个无法突破的"坎"

有的孩子学习会出现偏科现象，显然偏科对于学习是不利的。

如果孩子因为不喜欢而对某一科的学习投入精力过少，从整体学习效果来看，会引发心理学上的"木桶效应"。一个木桶由多片木板并排围圈箍成，但这个木桶的装水量取决于最短的那块木板。结合孩子的学习，他不喜欢的那一科就相当于一块短板，导致他这个"木桶"很难装更多的"水"，也就是他的学业水平将维持在一个较低的水平。

有的孩子可能会说，"我其他科只要多考一点分，这个不喜欢的科目即便考不好，总分也不会落后太多"。甚至有些妈妈也这样想："孩子不喜欢数学，逼着他也不愿意学，有那时间还不如多看看他喜欢的科目，还能多拿点分"。

不得不说，这些想法有些"理想主义"了。

首先，所有的成绩都有上限，也就是满分，就算孩子其他所有科目都拿满分，但只要不喜欢的那一科总是不及格，孩子的发展就是失衡的。

其次，"不喜欢就可以不理会"是错误的做法，相当于在鼓励孩子"逃避"。所有学科都应要求孩子同等对待，逃避解决不了任何问题。

最后，也是最重要的一点，但凡孩子真的不去理会自己不喜欢的科目，那么他的整体学习还可能会引发另一个心理学效应——破窗效应。

破窗效应认为，如果有人打坏了某幢建筑物的窗户，而这扇窗户又得不到及时的维修，那么其他人就会受到这种"示范性"的纵容，去打坏更多的窗户，随着更多窗户被打坏，这种无序感会让人越发麻木。简单来说就是，"反正已经坏了，再坏一点也没什么"。

如果孩子的偏科不能被及时纠正，且被以"其他科目好就行了"这个理由所放任，那么孩子日后再遇到其他科目出了问题，他也会以"我偏科"为理由，进而放弃另一个学科，直到最后，他可能就只愿意学那一门被他无条件喜欢的学科了，他的"木桶"就将只剩下一根很长的木板，其他木板都短短的且参差不齐。

可能又有人说了，偏科没那么容易解决，孩子就是不喜欢某一科，也不能强逼着他学，那还能怎么办？其实偏科并不是一个越不过去的"坎"，重点还是在于我们能否进行有智慧的引导。

第一，提醒孩子"学习科目没有喜恶之分"。

学习是一件需要"无差别对待"的事，不论要学的是什么科目，只要是在学习范围之内的，就都应该认真对待，要付出努力，尽量学会。

也就是说，要通过引导来让孩子建立一种意识，就是不论学什么科目，不论喜欢与否，都要认真去学，学习来不得半点马虎，对待所有知识都应该一视同仁。要让孩子明了至少现阶段的学习与喜好无关，他应该对学习有更深层次的认识与了解。

第二，了解孩子偏科的真正原因，对症下药。

偏科，其实也存在很多原因，有简单原因，也有复杂原因。

简单的原因像是孩子某次考试失利了，就觉得这一科自己学不好，然后主动放弃了。对此，可以跟孩子好好聊聊"学习不能意气用事"等类似话题，肯定他曾经的努力，并鼓励他迎难而上，他对这一科的学习态度自然会有所改观。

复杂的原因是有的孩子对数字、计算等内容不敏感，他总需要更多的时间才能理解并学会这些知识，那么就应该尊重他的发展规律和需求，按照他的接受速度和吸收程度来引导他去积极学习，而不必着急吼叫。

导致孩子偏科的原因还包括不喜欢××老师，要背的内容太多，觉得内容枯燥没意思，听不懂一大堆名词，要做的实验太多……这些原因都需要认真了解才能发现。总之，不要因为孩子"偏科"就只想着要给他补课，对症下药才能真正解决问题。

第三，鼓励孩子"以强带弱"，而不要"因弱弃强"。

从破窗效应来看，不能让孩子某一科的差成绩影响了其他科的好成绩。但可以反向来看，鼓励孩子继续保持好成绩，以此精气神为动力改善坏成绩。

比如写作业的时候，可以安排孩子先写喜欢科目的作业，然后趁着这股精神劲继续写不太喜欢的科目作业，用好心情来带动学习的势头。

另外，也要提醒孩子，偏科并不是"绝症"，多学知识终归是好的，不强求他那块"短板"能够伸长到多长，只要他不放弃努力，就算增长缓慢，也意味着他会进步，所以只要不放弃，就一定能有改善。

语文作业——做好一定有方法

孩子要学的各门各类的知识都有，内容非常多，如果要在所有学科中找一门学科来做基础，非语文莫属。毫不夸张地说，如果一个孩子能把语文学好，再去学习其他学科内容时，也会相对容易一些。

因为绝大多数的书籍都是通过字词句呈现的，如果语文学得不精，那就无法阅读，不认识字、不知道词的意思、不明白句子的含义，又如何能弄懂课本内容和作业要求的含义呢？又如何能开展学习呢？哪怕是英语，如果没有足够的语文功底，也是很难学好的。所以，在语文学习方面，还是要督促孩子多下一些功夫。

来看一个实例：

有位妈妈从孩子刚上幼儿园开始，就经常陪伴他阅读，到幼儿园毕业，孩子已经可以自己独立看有拼音的书，并能明白书里讲的故事了。

孩子上小学第一次考试就考得非常好，老师在和这位妈妈聊天时说："他可以自己读懂题目，所以试卷做得很顺畅，而班里很多孩子字都认不全，题目要靠老师念，做题速度比较慢，正确率也受到一定影响。"

可见，语文水平的好坏，对孩子的学习的确会带来一定的影响。

语文作业也是语文学习中重要的内容，要让孩子做好这门作业，并有所收获，我们也要多动动脑筋，可从以下几点入手：

第一，注重阅读。

阅读是语文学习的重中之重，学好语文的基础源自于阅读，读得越多，识字就越多，词汇量越多，可学习使用的句子越多，越早学会"好好说话""看图说话"，理解能力的发展就越快。

所以我们要加大孩子的阅读量，增加孩子的阅读时间，丰富他的阅读种类，当孩子能够流畅自如地自主阅读时，语文方面的学习也就自然能跟得上，语文作业也就更好应对了。

关于阅读顺序，前面曾提到，可按照从绘本（幼儿园至小学一年级）到桥梁书（小学一至三年级），再到纯文字书（三年级及以上）的顺序阅读。

第二，学好拼音。

拼音是孩子阅读、书写的基础，这方面应注意几个细节：

字形相似的拼音字母，比如"a"和"o"，"b"和"d"，"p"和"q"，"u"和"ü"。

发音相同的拼音字母，比如"i"和"y"，"u"和"w"。

不同的拼音节，比如整体认读音节"zhi""chi"，双拼音节"de""bu"，三拼音节"xia""huo"，零声母音节"ai""ao""an""en"等。

声调的准确标注，"阴、阳、上、去"，也就是我们所熟知的"一声、二声、三声、四声"。

这部分作业在小学一年级就有了，所以从一开始我们就要抓住这些细节，让孩子从一开始就正确对待，加强练习，不论是拼读还是书写都要保证规范，养成良好习惯对于他以后其他方面的学习都将大有帮助。

第三，告别错字。

提醒孩子认真对待生字学习，努力记住字形，尤其是一些长得很相似的字，比如"己""已""巳"这几个字，要注意明确区分。另外还要注意笔顺，不能只想着赶紧写完就算了，要认真书写才能保证不会漏掉笔画。另外，对于同音字也要多注意，教孩子从写法、字义等方面来进行准确记忆。

第四，掌握词汇。

作业中还会出现组词、认读书写生词、记忆词义内容等练习，这可以与阅读联系起来，引导孩子多读书，增加词汇量，加深对词语的理解。

第五，组合句子。

造句也是语文作业中的重点，用一个词组成一个句子，词的使用要符合语境，句子的表达也要准确。这一项作业也与阅读相关，多读书，孩子就能了解并学会很多句式。

同时，作业中还有缩句、扩句的内容，缩句可以帮助孩子理解复杂句子，我们要教他学会寻找句子中的关键词，比如"谁""是什么""做什么""怎么样"；扩句则是把一句话表达得更生动完整，这也同样需要孩子拥有大量的词汇和句子储备，所以再次强调阅读的重要性。

第六，学会背诵。

语文作业中还有很重要的一个类别——背诵。诗词经典、好文段落，都需要孩子通过背诵来"输入"大脑中。

关于背诵，可以向孩子提供一些小技巧，比如理解背诵，就是对要背诵的内容先了解一个大概，然后顺着内容发展来进行记忆；画面背诵，很适用于古诗词的记忆，根据画面上的提示来记住具体文字的内容；接龙背诵，和孩子一起你一句我一句，在游戏中将要记的内容记下来；等等。

第七，吃透课文。

关于课文的作业内容也很多，比如某一段讲了什么意思，整篇文章讲了什么内容，应该如何理解课文的深意等，要教孩子学会诵读，注意标记其中关键性的字词句，课后问题也要认真去读，在理解意思的基础上去课文中找答案并进行思考。

一般来说，老师讲课文的时候都会有笔记，提醒孩子也可以多看看当堂笔记，看看老师标出来的重点，再进行一下复习。

第八，巧写作文。

作文对于很多孩子来说都是一大难题，要解决它，阅读还是基础，内容读得越多，孩子的字词句积累越多，可写的东西也就越多。

平时鼓励孩子多写日记，从短小的一段文字开始写起，直到能把一件事叙述清楚，能写出越来越多的内容，还可以鼓励孩子进行摘抄，如记录好词好句、名人名言，收集起来等到写作时都能派上用场。

数学作业——巧思妙解有窍门

如果说语文的学习可以被看成是所有科目的基础，那么数学就是在此基础上对于思维能力的开发。但也正因为需要孩子动脑筋去思考分析，且数学都是用文字、数字与符号构建起来的世界，有的孩子可能就会觉得难以理解。

遇到数学作业，有很多孩子会出现这些问题：

书写问题——数学作业也是讲究书写的，数字以及大小写、运算符号、公式、竖式、脱式、解题格式等，书写不规范或者写错，都会导致后续作业不能继续完成或者不能保证正确。

计算问题——计算是数学作业主要的组成部分之一，加减乘除、括号内外计算、小数点的计算、平方立方计算……各种各样的计算方法都需要孩子熟练掌握，否则只列式而不知道应该怎么计算，就得不到答案，作业就总也做不完。

应用题解答——应用题结合了语文与数学的双重能力，既要能读懂题目的意思和问题的要点，还要能准确使用恰当的解答方法，并认真得出最终答案，写清答案。不论哪个环节出了问题，都会出错。

要解决这些问题，也一样有技巧，可以这样来做：

第一，从书写开始就对孩子严格要求。

数学来不得半点马虎，哪怕是书写不清楚，都可能导致计算出问题，所以从最初数字的书写开始，到各种运算符号、数学列式、解题步骤，最好对孩子严格要求，除了提醒他落笔仔细清晰，还要让他尽量少用橡皮，培养严谨的习惯。

另外，做作业的时候，可能需要孩子抄写题目，是否抄写对了、抄全了，都是决定他作业能否做好的关键。尤其是有些作业可能是老师写在黑板上的，如果抄错了数字或少抄写一道，显然作业都没法完成，这其实考验的也是孩子的耐性、细心。抄写是帮助孩子巩固数字书写的一种方法。

第二，跟随课堂进度来帮助孩子建立数学思维。

数学作业几乎每日都有，那就不妨跟随老师的进度来帮助孩子，除非孩子有特殊需求，或老师有特别交代，否则并不需要再额外添加内容，因为老师的讲授要比你的讲授更贴近教学实际和孩子大脑能理解的水平。

当天老师讲了什么，要引导孩子通过自己的理解说出所学的知识，或者让孩子来当"小老师"，你当"学生"，比如加法、减法，大数的读法、写法，数位与计数单位的区别，怎么进位计算、退位计算，先计算什么、后计算什么，如何估算、试商，怎么从题目中提取重要信息等，都可以假装不懂，而让孩子重点讲述，引导他讲清楚这些内容。这个过程下来，孩子也就真正理解所学的内容了，数学思维也就慢慢建立起来了。

第三，引导孩子自己去理顺"怎么算"这件事。

到底是用加法还是减法？是先计算括号里的还是括号外的？小数点应该点在哪里？竖式的数字有怎样的排列规律？"怎么算"这件事，除非孩子自己理解，否则他人的告知都只是灌输，这反而让孩子学不会数学。

这些问题的答案，都应该是孩子自己思考出来的，而不是由家长来帮忙确定的。这需要孩子自己读懂题目，一遍不行可以多读几遍，但一定要自己去理解，因为解题一定有方法。选择怎样的计算方法，选择怎样的公式，题目要怎样解答，通过反复阅读思考才能获知。

第四，教孩子一些常见的解应用题的技巧。

很多孩子不知道应该怎么解应用题，可以引导孩子发散思维，多加思考，教给孩子一些解答应用题的小技巧，但这些技巧要符合孩子认知水平，应该是他可以理解的。

比如，可以教孩子利用画图的方法来解答应用题，把题目变成一眼就能看明白的图示，再解题就容易了。

比如这道题："有17只鸡，鸭子的数量比鸡少2只，鹅的数量与鸭子的数量相同，请问鹅有几只？"那么可以帮助孩子画这样一张图：

```
鸡的数量：★

鸭的数量：★ -2

鹅的数量 ＝鸭的数量：★ -2
```

图中的★就是一个符号，还可以用○◎▽◇△□等任意符号。简单明了的图示会让孩子更容易理解题目的意思，再计算就方便快捷了。

再比如："鸡兔同笼，上有35个头，下有94只脚，请问鸡兔各多少只？"这道题也可以用假设法解决，而不需要用二元一次方程式。

假设35个头全是鸡的，那么有$35 \times 2 = 70$（只）脚，比题意94只脚少24只。把这24只脚补给兔子，一只兔子在鸡2只脚的基础上再补2只共4只脚，则$24 \div 2 = 12$（只），所以兔子有12只，鸡有$35 - 12 = 23$（只）。答：鸡有23只，兔有12只。

假设35个头都是兔子的，也是一样的解法。最终答案是一样的。

假设法，三年级就能学到；二元一次方程式，要到初一才学。

类似的图示还有很多，我们可以引导孩子自己在理顺题目之后画出来，当思路被打通之后，他对应用题也会有一套自己的解题方法。

当然，这就需要我们与孩子学习同步课程。不用太担心，也就是小学阶段你还可以指导孩子，等孩子的数学思维、学习习惯建立起来后，你就可以"退位"了，所以，小学阶段打好思维基础，初高中的"高难度"数学就可以交给孩子自主学习了。

第五，提醒孩子做选择题和判断题不要"猜"。

选择题和判断题也是数学作业中常见的题目，但是因为这类题都是把答案写出来，只需要在几个答案中进行选择，或者在是与否之间作出判断，有的孩子就会采取"猜"的方式来做题。

比如，做判断题时孩子会随便猜一个，如果妈妈脸色变了，他就知道自己猜错了，然后就说反向的答案。这种连蒙带猜的解题方式意味着孩子对所学知识一知半解，是需要好好巩固他的基础的。

我们应该教孩子学会正确处理这两种类型的题目，帮他巩固基础知识，让他在头脑中记住正确的那个知识点，那么对于错误的、不相干的内容也就能轻易排除了。还有一种选择题是选择计算答案，那就要提醒孩子按照计算题的步骤认真做，然后得出答案做出选择就可以了。

第六，帮助孩子养成及时检查的好习惯。

数学作业从头到尾都对细心程度有更高要求，从一开始的书写就要强调细心，到最后完成作业后还要养成及时检查的好习惯，就是做完作业就从头将每道题再确认一遍，发现错误及时改正。

这种检查最好是孩子自己去做，让他对自己负责，逐渐具备一定的责任心，我们只能是辅助提醒、督促，而不要代劳。

英语作业——认真对待"ABC"

在英语学习中，因为缺少语言环境——我们日常生活并不依赖英语，所以很多孩子对英语的学习只停留在书面与课堂上，这就导致他的英语知识学得死板且不够扎实，很多问题从作业中就可以反映出来了。

比如，英文字母与拼音字母混淆，单词听音记忆却不会认读、不会书写，听力完全跟不上，句式也搞不明白，小作文更是不知道从何入手……

英语作业也同样需要认真对待，学校里既然安排了这一门课程，那就意味着它对于孩子是必要的。而我们自己也要转变思维，因为随着近年来教育改革的推进，我们会发现语文的重要性逐年增加，于是便有人片面地理解"英语可以不用认真学了"，这其实是狭隘的认知。俗话说"艺多不压身"，多学的知识永远都会是孩子的人生财富，况且英语现在依旧是世界通用语言。所以，只要是安排了的课程，包括英语在内，孩子都应该认真对待，努力掌握，这才是他对待学习的正确态度。

那么针对英语作业中的种种问题，可以这样帮助孩子：

第一，鼓励孩子多开口、多用耳、多动笔。

作为一门语言类课程，英语就是需要孩子多说、多听、多写，做作业的时候，口、耳、手都要动起来。对于英语作业，提醒孩子不要拘泥于它要求的"抄写单词""阅读句子"这些简单的指令，最好能做到边看、边说、边听、边写，英语也是熟能生巧的科目，只有经过大量的练习，才能把英语掌握得越来越熟练。

第二，教孩子寻找"趣味方式"来完成抄写类的作业。

作业中会有抄写单词的内容，有的孩子认为这种作业相当枯燥无味，但是如果不认真对待，基础可能就打不牢，浪费了时间却并没有学到知识。

可以找一些有意思的内容来调动孩子的兴趣，比如让孩子按照单词的长短顺序进行抄写，或是从短到长，或是从长到短，边抄写边读出声音……在各种兴趣的引导下，孩子自然而然就记住了单词。

第三，找对适合孩子的方法帮他记忆单词。

作业中还会有默写单词的内容，很多孩子都记不住那么多单词，不是漏写字母就是写错，我们则要帮孩子找到适合他的记忆单词的方法。

有的孩子可能看一遍就记住了，这样的孩子过目不忘，记忆力很好，不需要浪费时间就能很快把单词记住，那么我们就要肯定他的表现，让他能始终保持一种饱满的精神状态进行记忆。有的孩子则需要一些更具指示性的引导，比如，可以教孩子按照相同字母分类记忆，"mother，father，brother，weather……"中有相同的"ther"，只要记住前面的字母就很好记了，类似的还有"like，bike，hike"等。还可以教孩子按照不同种类词义进行记忆，食物、身体、交通工具、学科名称等，也可以按照同义词、反义词、相近词等方式分类进行记忆。

第四，教孩子巧妙应对画线提问类型的作业题目。

在小学阶段的英语考试中，画线类提问是最常考到的内容，目的是为了考查孩子对于特殊疑问句的掌握情况。

关于这一类作业内容，我们首先要让孩子记住疑问词，比如

what 什么、who 谁、when 什么时候、where 哪里、why 为什么、how 如何；How many 多少个（搭配复数名词）、How much 多少量（搭配以不可数名词）、How long 持续多久、How often 间隔多久（表示频率）、How soon 要过多久、How far 距离多远；等等，然后再让孩子根据题目中的具体画线内容来进行提问，当然后续也要让孩子多记一记、练一练，熟练了自然也就会做了。

第五，引导孩子做好听力作业。

听力也是英语学习的重要组成部分，也是一个难点，孩子容易听得一头雾水。我们可以多给孩子听一下听力部分的内容，让他在日常生活中去"磨耳朵"，或陪着他一起看英文动画片，或通过英语配音 APP，反复看、反复听、反复说，让他能够熟悉英语环境，熟悉某些句式表达，培养英语语感。

第六，从课本入手来帮助孩子学会语法。

语法是英语学习的一项重要内容，也是进入高年级学习英语语法的基础。这是一个慢慢积累的过程，所以不要着急，也不要逼迫孩子去学习。

可以从他的课本来了解他学习的进度，鼓励孩子紧跟老师的讲解，循序渐进、浅出深入，从弄清楚每个句子中的各个单词入手，然后再扩展到复杂的句子。提醒孩子有不懂的地方就赶紧问，越早解决问题就不会在后续学习中积累问题。

另外，小学英语语法需要多实践，在孩子写完作业后，我们也可以陪着他练习课本中的一些对话内容，来帮助他巩固记忆。

尽管当前小学英语教材不突出对语法的讲解，但确实有语法的存在。作为妈妈，如果有能力，可以提前给孩子总结一下。其实，也就是引导孩子多关注同一类句式的特征，发现语法之下的相同点和不同点，既不过度解读语法，也不忽视对语法的学习。

第七，解决孩子做阅读理解的难题。

初始阶段的阅读理解并不算难，但孩子需要读懂文章的大概意思才能解答问题，所以这需要孩子认真细心地读，要教他学会从文章中找到关键单词，从而方便他后续的解答。

遇到生词，有的孩子可能立刻就想去查词典，但是查词典就打断了文章阅读的连贯性，而且考试时也不允许查词典，那我们就要有意识地训练孩子根据上下文意思的理解来猜一下生词的意思，等到所有内容都做完了，他可以再去查阅一个个生词。

就小学生而言，对阅读理解的训练离不开掌握教科书内容这个基础。一般来说，只要是熟练掌握书本中的生词、句式等，阅读理解就不难做。所以要在小学初期就重视英语学习，扫清知识盲点，建立起了学英语的信心，以后无论是正式学语法，还是读较长的文章，都会轻松很多。

第八，利用合适的方法来引导孩子进行写作练习。

英语与语文一样，也需要写作文。孩子需要先熟悉单词，再用单词组句，然后将句子组合在一起形成一篇文章，也就是由点及面的过程。

最初的作文不需要多么复杂，提醒孩子适度拓展词汇量，除了要认真记住教科书上提到的那些单词，平时的积累也很有必要。写作的时候也可以借助语文作文的技巧和模式，时间、地点、人物、事件，用简单句一一描述清楚就可以了。但要注意，英语表述方式与中文是有较大区别的，所以要避免带入中式思维逐字逐句翻译。当然，这也需要一个训练的过程。

科学与道德法治作业——不培养孩子的"副科"意识

　　孩子在学校学的所有科目，都可能有作业，即便是我们认为的所谓"副科"也不例外，比如科学课会有作业，道德与法治课也同样会有作业。

　　对于这部分作业，有的孩子可能会受到父母影响，同样也认为"这是副科，不需要认真去做作业"，这种想法是错误的。所以，父母要从自身就开始更正这种错误认知，不要认为"副科"就不重视，正确的学习态度应该是对所有科目都一视同仁。

　　而且，从科学、道德与法治这两门课的内容来看，它们与孩子的日常生活联系得更紧密。如果说语文、数学、英语等科目专注于各种有体系性知识的学习，那么科学、道德与法治科目就是教孩子怎样更好地生活，所有课程都值得好好学习。所以，面对科学、道德与法治等课程的作业，我们和孩子都要像对待其他所有课程的作业一样，认真、专注。

　　正因为贴近生活，科学、道德与法治作业才显得非常有意思。

　　比如，一年级科学课开篇就有认识树叶、花草的内容。现在很多孩子都窝在家里沉迷于电子产品，有这样的作业就可以让他走进大自然，去见识各种植物，去认识各种花草树木，这是他亲近自然的绝佳机会。

还比如，三年级的道德与法治课中就涉及了"认识自我"的内容，这样的作业有助于孩子更好地了解自己，并愿意为了自己努力，让他通过思考与表达，来增加自信心，提升主动性。

这些作业与传统的书面书写计算完全不同，孩子的全身心都将被调动起来，认真完成这些作业，孩子的眼界、思想都将得到提升。

不过，根据这些课程的内容我们也能发现，这些作业似乎都很耗费时间，与那些需要书写背诵的作业相比，它们完成起来并不会那么快，这就需要我们帮孩子好好安排，以保证所有的作业都能顺利完成。

第一，不要替孩子完成这些作业。

收集树叶、认识磁铁、了解天气、观察昆虫、设计卡片……这些作业在有些妈妈和孩子眼里就是"没用"的作业，但学校又有要求，为了保证有足够的时间做"有用"的作业，这部分作业往往会由妈妈代劳。

要尽快改变这些偏见与错误行为，不要给作业分轻重，不要说"这个作业我来替你做"，提醒孩子重视作业、认真对待。不论什么作业，我们可发挥的都只是辅助作用，孩子才是完成作业的主体。

第二，合理安排时间，彼此不互相占用。

如前所说，这类作业会很占用时间，比如收集树叶，就需要走到户外，寻找、捡拾、辨认树叶，这会耗费大量的时间，所以对于这样的作业，我们要提醒孩子根据作业安排，来选择合适的时间。比如，作业并不要求当天完成，而是给了一周时间，那我们要么利用每天放学路上的时间，要么利用周末，认真完成这个作业，而不是匆忙应付了事。

让孩子既不要无视这个作业，把时间全都占用去做其他事情，也不要只顾着这个作业而忘记还有其他作业要写，要能合理安排时间兼顾多种作业。

第三，与孩子一起全身心投入到这些作业中。

这些作业的完成多半都需要我们帮助，不管是寻找物品、辨认物品，还是制作一些小手工，思考一些更深层次的问题，我们都是孩子的好伙伴。

在做这些内容时，我们要发挥积极的辅助作用，让孩子意识到，"爸爸妈妈都这么认真帮我，我也要更好地表现"。一定不要代劳，否则孩子就会成为"甩手掌柜"。我们也要安排好合适的时间，在这个过程中全身心投入，同时引导孩子自己思考，鼓励他提出问题，也鼓励他自己多动手操作，实现自己动手动脑找到答案的目的。

解决众多难题从拓展知识面开始

父母有没有把写作业这件事看得很简单？认为它不过是对当天所学内容的单纯总结，或是对教科书知识的一种直接检验。这种想法尽管不能算错，可却把"写作业"这件事可能带来的意义狭隘化了。

如果孩子可以认真对待作业，多思考一下，就会发现作业不只是检验对他对书本知识的掌握，它还会检验孩子对于更多其他方面知识的掌握程度，也就是说，孩子对各类知识掌握得越多，知识面越广，思维就会越灵活，写作业也会越轻松。

来看这样两个例子：

第一个：11 − 4 = 7，为什么老师判错？

一位小学生告诉妈妈自己头一天的作业错了一道题，可是他觉得自己并没有算错，他说："11减去4就等于7啊，哪里错了呢？"

妈妈也觉得很纳闷，那道题的题目是：教室里有11盏灯，灭了4盏，请问教室里还剩几盏灯？孩子直接用算式11 − 4 = 7，妈妈也认为这是正确的，于是便询问老师。结果老师说，这道题考的并非孩子的数学能力，而是思维方式，教室里的灯即便灭了，数量也并没有发生改变，所以孩子只单纯以减法计算，却没有思考题目的深意，答案自然是错的。

妈妈这才恍然大悟，她自己也只注意到了加减的问题，并没有过多考虑，结果犯了和孩子一样的错误。

第二个：3600÷9=400，为什么被判错？

一个女孩数学考试时因为错了一道题，结果没得满分。女孩觉得老师给她判错了一道题。这是一道选择题：乐器商店以3600元的价格新购进9把小提琴，以下售价合理的是哪个选项？四个选项分别是：A. 498元/把；B. 400把/元；C. 498把/元；D. 400元/把。妈妈看过后，觉得女孩3600÷9=400，这个答案选D没错，除法计算并没有出问题。

于是妈妈去请教老师，老师解释说："在这道题中，店家花3600元采购了9把小提琴，400元一把是进价，可是生活中没有老板会按进价来卖货，所以D答案不正确。同时，B和C的意思都是'一元钱400把或498把'，也不合理，那么正确答案当然应该是A。"

这道题同样考验的是孩子的思维能力，考验孩子对生活知识的了解，妈妈和女孩都只是简单地考虑到了题目的内容，却并没有联系实际生活去思考，这才闹了笑话。

从这两个实例中可以发现，如果孩子只是死读书，在解题的时候就会变得很呆板，就算错了都不知道哪里错了。不论是作业还是考试，他的很多错误其实并不是知识没学会，只是思维被固化了。对其他知识的不甚了解，使得他不能正确判断语境，结果导致思路只能在"原地"打转。

同样道理，很多作业其实都并非只来自教科书。现在的考试，更多是考察孩子对生活知识的运用，可见生活里的知识也不容忽视。

这个"生活里的知识"可谓包罗万象：

第一，在书本里可以找到。当然这个书本可不仅仅只是教科书，而是涉及各个类别、各个领域的书，天文、地理、自然、历史、文学、思想……看的书越多，知识的储备自然越多，对于很多文字内容的理解也会更加深刻。所以，我们最不能吝啬的一项支出，就是孩子对书籍的需求，日常除了购买书籍，还可以给孩子办理借阅卡，图书馆的馆藏也足够他畅读了。

第二，在生活中可以找到。为什么进价和售价不同，打折和买赠哪个划算，书里描写的场景在现实中能不能找到，真正与外国人对话时所用到的英语与书本英语是不是一样……孩子应该去接纳不同的生活内容，亲身体验和感受，将书本里的知识与现实生活紧密结合起来，让知识真正"活"起来。

第三，在网络中可以找到。对于网络的使用，关键在于我们的引导，教他学会正确使用搜索与浏览（注意屏蔽不良信息）功能，他就能自行从网络上获取大量信息。网络上会有视频、音频、图片、文字、讨论、解答等多种形式，无疑会扩大孩子知识信息的来源范围。

还要注意的一点是，孩子也应该多动一动，遇到事情亲手去做，自己走一走、看一看，去接触更多的事物，积累更多体验，这些都会开阔他的眼界，由此而积累下来的知识都将成为他解开更多问题的钥匙。

07

―

不吼不叫，

及时处理与写作业有关的心理问题

每个人都是一个"综合体"，情绪、思想有什么变化，都会对个人行为产生一定或好或坏的影响。孩子写作业的时候如果内心不够平静，心理问题同样会影响他的专注力，所以我们也要注意观察孩子的心理状态，及时处理这些问题才能保证他顺利完成作业。

尊重孩子的"开窍"速度与程度

虽然写作业这件事是孩子自己的责任，但我们也为他能好好写作业付出了不少心力，只不过孩子的表现总不能如我们所愿，那么，我们所"愿"的又是什么呢？

我们期望自己的孩子至少能够"和别的孩子一样"，如果能比"别的孩子"表现得好就更好了。我们对孩子的要求有一个底线，也就是"不能比别人差"，但凡孩子表现得不如他人一点，我们就会觉得是孩子不认真了，此时往往就会脱口说出"怎么别的孩子都能做好，就你做不好"，或者是"都一样学，你怎么就比别人差"。

表现在作业上，就是我们往往见不得孩子说"不会"，不能容忍他的作业本上有"×"（叉号）出现，而且还非常喜欢问"别的同学都做对了吗"，就好像知道了别人的情况，就能明确判断自己孩子的情况了。

可是，每个孩子都是一个独立的个体，别的孩子怎么样了，那是别的孩子的事，我们应该关注的是自己的孩子。因为，每个孩子都有独属于自己的"开窍"速度与程度。

比如，同样是数字书写，有的孩子可以很快明白应该怎么运笔，数字就算写得不是很漂亮，但很清楚。但有的孩子则不然，他用很大力气也写不出工整的数字，遇到"4""5""7"的书写，他还可能左右颠倒。但我们也会发现，随着时间推移，绝大多数孩子的表现都会趋向一致，即他们早晚都会"对数字熟练书写"，只是时间早晚的问题。

还比如计算题，同样年龄，有的孩子刚会做20以内的计算题，有的孩子做100以内的计算题则毫无压力，也有的孩子就只能做10以内的计算题……但这并不代表孩子们在学习上有好坏之分，只能说不同的孩子对数字计算的接受与理解各有不同，所以年龄相同的他们，表现才会有差异。但要不了多久，除了极个别超高智商和极个别的确智商不足的孩子，他们终归都能熟练掌握这些计算，同样也是"时间早晚"的问题。

我们应该认知自己孩子的开窍速度与程度，通过日常观察，判断他到底学到了什么进度，掌握到了哪种程度，作业又能做到哪种程度……不需要用完美的标准来要求他，也不要盲目催促，尊重孩子，"静待花开"，当我们不急躁时，他也就不会因为急躁反而影响了进度。

当然我们也不是干等，而是要去认真了解孩子的进度为什么会

"与众不同"：有的孩子可能是偷懒，有的孩子则可能是真的理解慢，还有的孩子是不得要领，有的孩子是一知半解……但不论对待哪种孩子，都应该有耐心，接纳孩子的真实状态，不强求他，更不要总对他吼叫"别人的孩子如何如何"，越是专心应对他自身的情况，越是能找到合适的解决方法，帮助他改变现状。也就是说，我们要更关注孩子与自身的纵向对比，而不与"别人家的孩子"进行横向对比。

另外，对于孩子的现状，我们的心态也很重要。有些妈妈会因为孩子表现不好而觉得不好意思，尤其是在别的家长面前会觉得抬不起头来。可是要知道，正是因为父母这种"嫌弃"的态度，才导致孩子对自己也没了信心，而且他对作业的态度也会取决于父母的态度，父母的"嫌弃"也会传染给他，他也会嫌弃自己，并同时对学习也产生厌烦心理。

所以既然说到"接纳"，就要全面接受孩子当下的学习状态，接受这个事实，认真对待，帮孩子找到问题的原因，针对原因来协助他开窍，给他时间。允许孩子比别的孩子慢，允许他出错，但还是要鼓励他不放弃。孩子在心情愉悦的状态下按照自己的节奏走，总有一天他会给你一个惊喜。

心如止水才能更高效地写好作业

心如止水，才不会产生其他情绪，没有情绪影响，才会全身心投入到要做的事情上。学习更是需要一个平静的心态，将所有心思都放在要学的内容上，才可能读得懂、想得透并最终理解、掌握、通达。

生活中，一些孩子在写作业时内心并不安分，充满各种想法、情绪，有的是积极情绪，令他内心雀跃不已，兴奋得都坐不住了；有的是消极情绪，整个人看上去都很灰暗，一副什么都不想做的样子。

面对孩子没有认真写作业的状态，并不需要吼叫"你怎么还不认真写作业"，接下来他很可能会因为你的这一声吼装装样子，可是实际情况该怎样还是怎样，吼叫根本就是无用的。

正确的做法应该是，引导孩子学会纾解情绪，不论好坏，让他的心情平静下来，不受任何干扰，在平静的心情下去完成所有作业。

接下来，就从正向情绪和负向情绪两方面来看看怎么帮助孩子。

第一，正向情绪。

有的人可能觉得奇怪，为什么正向情绪还要拿出来说呢？正向情绪不是很令人愉快吗？话虽没错，但是对于孩子来说，正向情绪给他带来的兴奋感可能会导致他不能专心做事。

有一位妈妈对此深有体会，她说："周末早上，我多了一句嘴，告诉女儿'今天可以穿着新买的裙子出去玩'，结果女儿一下子就兴奋了。在例行写作业的时间里，她始终都安生不下来，坐都坐不住，会不时地问我'妈妈，我能戴个好看的发卡吗？''妈妈，那个裙子你觉得好看吗？''妈妈，我们今天可以去×××吗？'被我吼了一句'好好写作业'之后，她倒是不问了，可是很快我又发现，她开始愣神了，写不了几个字就愣一会儿神。原本30分钟就能完成的作业，她不仅写了一个多小时，还出现了很多错误。心不静的结果，让我也长了教训，以后可不能提前让她这么兴奋了。"

孩子的内心装不住事，让他兴奋的内容更是时时刻刻都被他记挂在心，且占据最主要的位置。

所以，不要在孩子学习、写作业或者做其他重要的事之前向他提及这些可能引发他兴奋情绪的事情，尤其是不要用一些好事来"引诱"孩子，比如说一句"我们今天出去玩，但前提条件是你要又快又好地写完作业"，估计接下来的时间里，父母和孩子都会感觉很煎熬，孩子巴不得马上就走，父母巴不得他静下心来认真对待作业。

我们应该先保证孩子可以安心把应该做的事情做完，再和他提起接下来要开始的令他感到兴奋的事，让他能全身心投入到快乐之中。

还有一种情况是孩子自己经历的一些好事，比如取得了好成绩或做了一件好事，他兴奋的状态也会带到写作业中来。这时你一定要冷静，不必要在此时跟着他一起兴奋。孩子表现好值得肯定，但不能因此就对该做的事不管不顾，这一点建议要传递给孩子，我们自己先平静下来，提醒他"我觉得你现在应该先做好作业"，引导他以最快的速度静下心投入到作业中去。

第二，负向情绪。

相比正向情绪，负向情绪的影响可能会更大，因为负向情绪带来的都是难过、失落、悲伤、沮丧等一些令人压抑的心情，被这种心情影响，孩子更加无法集中精力去学习。

此时我们要多关注孩子，及时发现他情绪的变化，主动了解他的心事，用更理性的话来引导孩子说出心事，然后给出更理性的建议。

比如，孩子非常难过，我们应该认同并接纳他的情绪，好好安慰他，帮他平复情绪，然后再去了解原因，而不要直接质问"你到底怎么了？"

了解原因后，如果是一些鸡毛蒜皮的小事，也不要嘲笑他，而是帮孩子化解情绪，帮他宽心，让他知道"原来这事没什么大不了"，让他能自己从内心深处释怀，这样他才能真正回归平静。如果是一些比较严重的事情，我们要根据这件事的严重程度来判断孩子当下的状态，不要训斥、责怪，先解决实际问题比较重要。

不论是正向情绪还是负向情绪，都只有恢复到平静时才能继续做各种事。我们也要培养孩子掌控情绪的能力，让他能具备"波澜不惊"的定力，不论发生什么，都能自如地把情绪调整到最佳状态。

橡皮综合征——必须破除的不良心理行为

在小学阶段，尤其是小学低年级阶段，很多孩子对于橡皮的依赖相当严重。作业本上反复出现被擦掉又写上的痕迹，有的地方还会因为擦得次数太多或力度太狠而出现破洞。

心理学认为，频繁使用橡皮这一行为并不代表孩子生病，但却意味着他的内心处在一种颇有压力的状态。这样的孩子多半都没有建立良好的学习习惯，精力过剩，坐立不安，粗心大意，所以经常犯错，被指出来之后就会不停地擦，久而久之形成习惯。

这个习惯也的确与心理有关，这样的孩子其实也生怕自己写错，因为一旦犯了错他自知"妈妈又要说我了""爸爸又批评我了"，而习惯性的精力不集中、粗心大意，又注定他会犯错，于是他更加急躁，如此成了一个恶性循环。

由此来看，孩子出现橡皮综合征的主要原因之一，与我们的表现不无关系。橡皮综合征可以说是孩子心理问题的一种外在表象，只是单纯地吼他"你不要总用橡皮"不会起到任何作用，反而会让他更加在意自己频繁用橡皮这件事，结果就会犯更多的错、用更多次橡皮，所以，我们也要想想应该怎么更有智慧地解决这个问题。

第一，给孩子准备简单实用的文具。

引发孩子出现"橡皮综合征"的一个主要外因，其实是他的文具过于"热闹"了。五花八门的文具样式，让孩子的大部分注意力都被拉走了，就拿橡皮来说，各式各样的橡皮让孩子挑花了眼。好看的、好闻的橡皮本来就很吸引人，孩子也会好奇："这样的橡皮好用吗？好玩儿吗？"于是找机会就用一用、玩一玩，结果不知不觉间就对橡皮产生了依赖。

解决这个外因最有效的办法，就是将买橡皮的意义回归于发挥橡皮原始功能上，只要简单实用就够了，并不需要太多外在的包装以及擦除之外的功能。同时也要提醒孩子，文具只有真正在学习中才能发挥其最大的作用。就现阶段来说，孩子的主要任务就是学习，不需要花费太多精力去做各种收藏与欣赏，先完成正事比较重要。

第二，教孩子集中精力认真对待每一次落笔。

反复吼孩子"不要总用橡皮"，这其实是一种否定的命令或强势的要求，对孩子来说反而是一种暗示，他会自动屏蔽"不要"，也就是说，不说这句可能还好，说了反而会促使孩子去使用橡皮。

所以，最好选择正向的引导，提醒孩子"认真审题，一笔一画地书写"，肯定孩子"这一次写得真好"，肯定孩子："我觉得你只要认真，就一定会做得很好。"当孩子能够接收到这样的提醒时，他内心会慢慢放松下来，可以平静看待对错。

第三，我们要降低过分严苛的要求。

孩子对于妈妈会有一种想要"讨好"的心理，更愿意接受来自于妈妈的肯定，对于妈妈的要求，他很多时候都会格外在意。

尽管妈妈的要求过分苛刻，但孩子却一定会非常认真地去对待。可事实是，他肯定会出错，没法像妈妈说的那样好好表现，理想与现实总是不能对等实现，他就会觉得非常压抑。

所以，我们自己要先放宽心，减少"不要写错"这样的提示，很平常地看待孩子会出错这个事实，有错可以改。给孩子一种弹性的空间，有边界限制，也允许他自由表现，让孩子内心能够放松下来。

第四，想办法缓解孩子内心的压力。

对于已经出现"橡皮综合征"的孩子，我们也不要太着急，反复强调和制止并不能起到好的作用，此时我们和孩子都可以适当转移注意力。

不要总盯着孩子的学习，多看到他好的表现，放松心情，给孩子营造一个较为宽松平静的学习环境。如果孩子实在紧张，可以想一些能让他感觉轻松愉悦的方法，教他在放松的状态下去学习。

要改变孩子对橡皮的依赖心理。比如，提醒他橡皮用得多，不只是消耗橡皮、浪费时间，作业本也会不好看，而老师更喜欢那些不修改或修改少的作业等。另外，如果孩子情况较为严重，也可以进行"脱敏训练"，或寻求心理医生帮助。

在学习上千万不要"恨屋及乌"

有一个成语叫"爱屋及乌"，意思是因为喜爱一个人，连带着对他屋檐上的乌鸦都很喜欢，比喻喜爱一个人会关心爱护与他有关的所有人或物，这就是一种情感的连带释放。同样的道理，如果爱可以这样释放，恨也一样可以。有些人因为不喜欢一个人，或者不喜欢某一样事物，连带着与之相关的所有人或事物也就都不喜欢了，我们可以借用"爱屋及乌"，把这样的一种状态称之为"恨屋及乌"。

在孩子学习的过程中，"恨屋及乌"其实也很常见。

比如，孩子不喜欢某位老师，于是连带着他所教授的那门课程也被归到了"讨厌"的行列之中；孩子不喜欢某门课程，于是连带着与这门课程相关的所有人和事，也就都巴不得远离。所以，因为讨厌某个人或课程，连带着对与之相关的作业也心生嫌弃，这就使得很多孩子对待作业有一种"我不喜欢就不想做"的任性态度。

学习是学生的责任，本就与喜好无关，而且学不学是自己的事情，自己主动放弃原本应该学的知识，说得难听一点就是在"逃避"。孩子只是因为情绪问题就放弃重要的学业，也是他不成熟的表现。

那么，应该怎样帮孩子扭转这种错误认知呢？

首先，理解孩子的心理感受，引导他学会尊重。

不喜欢某样事物、不喜欢某个人，这种情感的表现很正常，但是要提醒孩子，情感的表现要分场合，某些情况下不喜欢某些事物或某些人，可以放弃不接触，可是学习却不能如此对待。毕竟，学习是孩子当下最重要的一件事，可以和孩子就"不喜欢"这个话题聊一聊，理解他这种不喜欢，但却要提醒他，"不喜欢不代表完全不理会，即便不喜欢，但也要予以对方足够的尊重"。

对老师，孩子可以喜欢，也可以不喜欢，这是他的自由，但对老师讲授的内容，一定要认真听，也就是要让他把全部注意力都集中在老师讲的内容上，要能学会，好好去做作业，这是做学生的本分。

对作业，不喜欢的科目也要尊重它的存在，能学会的就尽量学会，不要放任自己的脑力和时间被浪费掉，各科均衡发展才是"硬道理"。

其次，换一种激励的方式，让孩子产生"斗志"。

同样是面对不喜欢的科目，有两位妈妈分别这样来劝说孩子。

妈妈甲说："你不喜欢也不行啊，不喜欢就不学了？哪儿那么自由，不学考零分吗？我看你就是浑身痒痒了。你学也得学，不学也得学！"

妈妈乙说："不喜欢它？啊，那你可遇到'劲敌'了，你打算输给它吗？多可惜啊！我还想看你战胜它，看你就算不喜欢也学得很好，那骄傲的小模样多棒啊！"

不说别的，如果你是孩子，你喜欢听哪一种激励？不用多说，肯定是妈妈乙的说法。妈妈甲看似是在用激将法，但其实却是在激化孩子对不喜欢科目的厌恶感，而妈妈乙则转换了方式鼓励孩子，唤起孩子的斗志。换种说法，让孩子更能接受，这也是我们在教育方面的一种良性改变。

最后，教孩子学会从"不喜欢"中寻找"乐趣"。

俗话说"凡事无绝对"，绝大多数事物的性质都具有双面性，就算是面对不喜欢的事物，只要认真仔细，也还是能找到从中受益的地方。

比如，孩子不喜欢数学，他厌烦的可能是数学中大量的抽象思考与计算，我们可以在生活中去寻找与这些计算相关的内容，让孩子发现这些计算与生活的紧密联系，使得他意识到"如果不好好学数学，将来的生活可能会遇到困难"。

还比如，孩子不喜欢背诵，连带着也就不喜欢学习语文，我们就可以通过对一些故事、古诗词的运用，引发孩子的好奇心，提醒他虽然背起来苦，但只要记住了，那些东西随时随地都能用，就很有意思了。以此来让孩子不再只关注学习的苦，而是能注意到努力过后的甜。

我们不能逼迫孩子必须闷头去学，这种发自于内心的不喜欢，很影响他对那些学科的看法。我们要改变的是他的感受，当他能从中感受到一些兴趣，就会去主动关注，再学起来也就不会那么强烈排斥了。

"抄"＋"搜"来的作业都不算数

写作业是一件非常主观性的事，即需要自己主动去做，但有的孩子的"主动性"却用错了地方，比如，他选择"抄袭他人"，选择"从网络上搜索答案"，并非独立完成作业，而是直接照搬了他人的劳动成果。

从结果上来看，不管是自己做的还是抄的，只要答案正确，这个作业都可以被看成是"写完了"，但是作业就只是"写完了"就可以了吗？作业的意义就是为了"写完"吗？

这才是问题的关键。很多孩子就是混淆了这个关键，他们错误地认为"不论怎样，只要作业写完就可以了"，并认为"老师看的是结果，只要结果好就没问题"。长此以往，这样的孩子就会变成一个"复印机"，大脑里完全没有装进任何知识，虽然看似占用了时间、付出了精力，但其实都是在做无用功。所有问题，凡是没有经过自己思考而从他人那里得到的答案，都并不能算是自己学会了。

孩子为什么需要做作业？做作业的目的是为了检验自己对于所学是不是掌握了，是不是能够把这些文字内容转化为可灵活使用的知识，并不是写来应付老师的。所以，从孩子选择的"做作业"的方式来看，我们就已经可以基本判定他是不是真的理解了"为什么要写作业"这件事，如果选择直接抄或者搜索后照搬，那么他对作业的理解就是肤浅的。

面对孩子"抄作业"或"搜答案"的行为，你知道该怎么做了吧！

首先，改变孩子对作业的认知态度。

"作业不是写给别人看的，有没有认真完成作业，受到影响的只有你自己，与旁人并无关系"，如果孩子能够从我们这里获得这样的信息，那么相信他自己会对应该怎么去做作业有一个全新的认识。

要纠正孩子对于作业的轻蔑态度，可以和孩子好好聊一聊，让他认真思考"作业到底能给自己带来怎样的收获"这个问题，只有自己内心对作业有了正确的认知，思想才会由此发生变化，行为也才会在思想的影响下有所改变。

其次，理智对待"抄作业"这个既定事实。

如果孩子抄作业是既定的事实，面对这种情形，应该怎么做呢？

有一位妈妈是这样做的：

妈妈最近发现，一直学习不错的儿子做作业的时候都要回到自己的房间并关紧房门，还不准爸爸妈妈进去。

有一次，妈妈临时有事招呼儿子，没敲门就进去了，一眼就看见儿子正趴在书桌上对照着另一本作业抄写，而且已经快抄完了。

看到妈妈进来，儿子惊慌失措地嚷道："你进来干什么？！"

妈妈当时也有些懵了，同时也很生气，她觉得儿子之前的"好成绩"是不是也是抄来的？对儿子的信任度一下就降低了。

但妈妈没有当场爆发，而是离开了儿子的房间，舒缓了一下心情，再招呼儿子出来。一番询问才知道，儿子之所以抄作业，是因为最近课业加重，作业增多，这才抄别人的作业以节省时间，有时候他还会直接从网上搜索答案。妈妈随即和儿子一起对这件事进行了深入分析并达成了共识：抄作业是不对的，必须依靠自己的努力完成作业。

后来的几天，母子俩经常讨论，找到了提高作业效率的方法，儿子再也没有抄过作业。

这位妈妈并没有因为孩子抄作业而当场吼叫和责骂他，而是先让自己冷静下来，然后再和孩子针对作业去讨论，最终找到提高他学习效率的方法。这样的表现很理性，方法也值得借鉴。

但对于孩子已经抄完的作业，不妨这样来处理：这次作业可以不用重新写，但却要多花一些时间来让他重新思考作业内容，通过思考再"过"一遍抄来的作业。要明确告诉孩子："因为你抄作业时没有经过自己的思考，那么缺失的这个'思考'步骤必须要补回来，否则，那就要重新再写一遍。"

这样做的目的，一是让孩子意识到抄作业不是"捷径"，是不被允许的；二是要调动他的思考力，让他明白，即便是抄了也要自己再思考一遍，还不如一开始不抄，自己动脑做完才是对的。

最后，教孩子学会正确使用"来自他处的答案"。

不管是抄别人的作业还是搜索来的标准答案，孩子如果用"有答案就不需要自己想"的想法来应对，那就只能担当"复印机"的角色了。来自于他处的答案不是不能用，但要教孩子学会正确使用。

提醒孩子这些答案不能原封照搬，而是要去认真思考为什么会有这样的答案，去寻找解题思路和解决问题的突破口，然后不看答案，用自己思考来把问题写下来，把解题的思路变成自己的收获，哪怕最终孩子写出来的步骤与答案一模一样，但只要他知道每一步是怎么做出来的，为什么要选择这样的思路，也算是他对答案的正确利用。

请郑重拒绝"代写"作业

有些孩子也许真的是"苦作业久矣"，各种原因导致他对作业实在"热爱"不起来，但又不能不做，于是他们便想各种办法来应对。

有一部分孩子想到了前一节提到的办法，即"抄"，抄别人的、抄搜索来的答案，总之就是自己不动脑，但至少自己还会动个手。还有一部分人，他们的懒已经"升华"了，就是自己连写都不写了，而是找到了一个新的解决作业的办法——代写。

代写，意思就是由他人来代笔。这个"他人"的范围，包括同学、父母以及网络上的陌生人。找同学代写，孩子可能是用钱物来与对方进行交换，写一门作业给多少钱，或者请吃一次零食，当然也有的孩子比较霸道，采用逼迫的方式让对方给自己写作业，这就属于校园霸凌的范畴了。

我们要及时发现孩子这个找人代写作业的思想苗头，将写作业这件事重新拉回到他自己身上，阻止他去寻求他人的"另类帮助"，并从德行上予以正向的教育。

不过这里我们要格外注意下"父母代写"这件事。《中国青年报》曾经调查发现，63.4%的受访者表示，自己身边有帮孩子做暑假作业的家长。可见，做过这件事的父母人数还真是不少。父母的代写，有的是源自于孩子的请求，希望提供"帮助"，但有的则是源自于父母自身的意愿，也就是父母自己主动要代替孩子完成他的作业。

一般来说，我们会替孩子写的作业内容，多半是"重复性的抄写""孩子早就已经会了的内容"，对于这部分内容，有的人认为"这是在浪费孩子的时间"，所以会主动代替他完成这"无聊的作业"，让孩子能有时间去做"有意义的事"。

其实不论是什么性质的代写，其本身就是错误的。学习是孩子自己的事，写作业是学习中必不可少的一环，也是孩子必须要自己去做的事情，不能由他人代劳。

不论作业多么无聊，也不管那是不是孩子已经做了很多遍的内容，但只要是作业，它就应该是孩子自己的责任。其实完成作业的过程，也是培养孩子责任心的过程，同时还是考验孩子耐心的过程，也只有他自己主动完成，才能体会到作业真正的意义。或者也可以说，是不是能自己完成那么多作业，也考验了孩子的毅力，坚持就是胜利，最终经过自己的双手获得了成果，这本身就是一件值得开心的事。再者，很多基础都是靠重复训练打牢的，所以真的不必排斥所谓的"重复性抄写"作业。

更何况，作业本身就是在检验所学知识，孩子若是完全独立完成它，那就是在巩固知识，将其变成了自己的财富。如果是他人代写，那岂不是就相当于让孩子把属于自己的财富拱手让给他人？而对于我们来说，代替孩子完成作业，孩子没有收获，我们就有收获了吗？显然没有。因为对我们而言，不需思考的"作业"才是真的在浪费时间！

所以，要好好算一笔账，不论怎样，"代写作业"对孩子、对我们都是不划算的，既然不划算，为什么还非要去做？可能有人会说，有些作业内容就是大量重复，又浪费时间又学不到东西。对于这种认知，我们应该明白这样几点：

首先，是不是重复、浪费时间，那都是你的感受，并不是孩子的，不要强加自己的感受在他身上，你应该去确认他对于作业的态度，而不要任由自己的态度影响他。

其次，代写作业这件事一旦开了头，那么日后孩子就永远都可以利用"重复""浪费时间"这种理由来要求他人帮忙，你的底线是自己打破的，日后便也不好"收回"。

最后，如果的确作业有问题，你的抱怨会让孩子认为"老师、学习是可被随意评论的"，这无疑让他也产生了不恭敬之心，不懂尊师，不敬畏知识，将会严重影响他的学习以及未来的人生。

所以，如果你真觉得孩子的作业有问题，可以私下去与老师进行交流，而不要表现给孩子看。我们自始至终都应该尊重学习，用自己的态度来影响孩子的态度。

而且，除了特殊情况，孩子的作业应该都能写完，我们要更多考虑的是怎么帮孩子有计划、有技巧地去完成作业，而不是去思考"代写"这样的旁门左道。我们应该致力于提升孩子自己的能力，而不能让他只想着"找别人来帮忙"。

另外，还要提醒孩子，不仅不能请他人"代写"作业，他自己也要郑重拒绝为他人"代写"作业，他不能以任何借口"主动"去做这样的事。

有位妈妈就发现自己13岁的女儿寒假期间在网上帮人写作业，收入居然上万元，要不是女儿登录的是妈妈的网络账号，且因为被发现代写而封号，妈妈可能还一直都不知道这件事。

当孩子"主动"去为他人代写作业时，也意味着他对作业的认知出现了问题，尤其是那些靠着代写作业赚钱的孩子，他们将作业看成是可进行交易的"东西",明码标价,对知识和学习没有了最起码的尊敬之心,那么日后他的学习也迟早会出现问题。所以,我们还要明确告知孩子,不仅不要寻找他人代写作业,自己也不要为他人代写作业。

重视老师对作业的批改细节

孩子把作业交上去后,老师会对每一本作业逐一进行批改,然后将作业本重新发回来。孩子再通过老师的批改内容来对自己之前的学习进行判断总结,如果有问题就及时纠正修改,有漏洞就及时弥补;如果作业没有问题,就可以向着新的学习内容继续进发。

这才是正常的学习过程,但很多孩子却可能忽略掉了"订正作业"这个环节,对于老师的批改细节完全放任不管,只关注是不是做对了,如果看到一个红对号,剩下的就不再关注了;如果是有红叉叉,那就赶紧看正确答案是什么,改正过来就不再管老师写了什么。

显然在有些孩子眼中,老师的批改就只起到了一个"判对错"的作用,殊不知,这样就错过了很多只有老师才能发现的细节问题,如果孩子持续忽略这些细节,并不利于日后的学习,因为就如蚁穴一样,之前的不在意,总会在后续某天导致大堤崩塌。

实际上,老师的批改中包含很多需要孩子注意的内容:

第一,对错。

在判对错的过程中老师可以了解孩子对知识的掌握程度,所以会根据当堂知识要点、孩子的理解程度来判断孩子所写作业是否正确。

第二，漏洞。

根据作业的正确与否，以及解题的过程，老师可以判断出孩子对知识的掌握程度，在出错的地方，老师可能会提醒孩子，要求他多注意某些知识点或者多思考某些内容。

第三，书写。

书写并不是知识学习的内容，但却能清晰反映孩子学习的效果，如果孩子书写潦草、不整洁，老师就无法明确分辨是否正确、是否有知识漏洞。所以，书写是否工整也是老师很关注的问题，如果孩子书写不够清晰，老师也会指出来。

第四，鼓励。

有时候孩子在作业中的表现会让老师感到很欣慰，比如进步了、有新思路、书写很规范，等等，老师都会给出一两句鼓励的话，这种来自于老师的文字鼓励会让孩子更有成就感，同时也能增加他的自信心。

所以，要提醒孩子，当老师把作业发回来时，不要翻看一下知道自己没错就草草了事了，认真对待老师的批改，是巩固学习的一个重要环节。

尤其是老师的批语，孩子要认真阅读，并且去思考自己是不是真的有问题，自己是不是真的做到了老师的肯定，对于点出来的问题要及时回忆、思考并改正。

　　对于出错的地方或者说被老师点出来的有漏洞的地方，建议孩子单独总结出来，将其与考试时的错误总结到一起，把问题都及时发现、及时纠正。如果发现已经形成了坏习惯，比如粗心的习惯，那就想办法尽早改正，不要每次都被老师提及，对于一些知识上的漏洞，及时弥补，不要等着"小洞不补，大洞吃苦"。

　　有时候老师也会在批改过程中指出一些需要注意的事，比如，数字写得再清楚一些，标点符号或运算符号要标清楚，解题步骤要清晰，思考过程要有条理等。老师的这些提醒也是孩子必须关注的点，越是细节的地方越应该多注意，养成细心的好习惯有助于日后的学习、生活与工作。

　　另外，要让孩子明白，对老师提及的值得鼓励的、表现好的地方，也要关注一下，看看老师说的哪些表现是值得肯定的，要继续将其发扬光大。可能有些地方是孩子自己都没有注意的，被老师指出来了，他意识到这样的表现是正确的，此后要继续保持，而还有些地方可能只是孩子侥幸答正确了，那么对这些内容也要重视起来，下次争取真正搞懂并表现得更好。

面对"罚抄作业"，到底应该怎么办？

　　很多孩子都做过一种"作业"，这种"作业"并非老师布置给全体学生的，大都是针对个别同学特意布置的，说好听点它是一种"作业"，但实际上，它是一种"惩罚"，这就是"罚抄作业"。它是由于学生在某些方面表现不佳，比如某个知识点未掌握，某项任务未完成或者完成质量不佳等原因，老师选择用"惩罚"的方式来进行督促，意在让学生吸取教训，改正错误，有所进步。

对于"罚抄作业"这件事，我们要理性看待。因为有的父母觉得"罚抄"就是一种变相的体罚，会忍不住和老师产生矛盾。

曾经有新闻报道：有一位家长因为孩子被老师罚抄作业感觉很不满，就在微信群里和老师理论起来。家长认为孩子宝贵的时间应该都放在有用的学习上，不能浪费在呆滞死板的抄写上，否则对孩子的学习没有任何帮助。但老师的回复言语有些讽刺，并不愿接受质疑，家长随即和老师互怼。最终，这位家长把老师告上了教育局，教育局勒令老师道歉。

虽然看似事情结束了，家长也的确维护了自己的权益，但从情理上来说，这对孩子似乎并没有太多好处，因为老师经此一"役"，很可能会因为教育理念不被接受而不再对这个孩子有过多关注，或是忽视这个孩子的存在，这种心理很正常，因为老师不是圣人。对老师而言，他在经济收益上可能并没有损失什么，但对于这个孩子来说，他在学业上可能不会再受重视。

所以，对于"罚抄作业"这件事，我们需要更理性一些去面对。

首先，和孩子一起先从他自己身上找找原因。

为什么会受罚抄作业？多半都是孩子出了什么问题，毕竟绝大多数情况下，一个各方面表现良好的孩子是不会被罚的。

所以，应该提醒孩子意识到，他受到惩罚很大可能就是源于他自己的问题，积极更正问题才是当下他最应该做的。要让孩子明白这样的道理："行有不得，反求诸己"，凡事应该先从自己身上找原因，纠正自己的问题，端正自己的态度，平复自己的情绪，反而更有助于事情的解决。

其次，不要因为"罚抄作业"这件事而否定任何人。

面对"罚抄作业"，既不能否定孩子，更不能当着孩子的面去否定老师。

对于孩子来说，被老师"罚抄作业"就已经是在经历惩罚了，并不需要我们此时再雪上加霜，我们当下的嘲讽、否定，甚至是吼叫、辱骂，都是对孩子的二次伤害。绝大多数孩子都会明白被罚抄是不好的，所以倒不如接受这个事实，好好帮助孩子纠正问题才是最重要的。

而对老师，你更要保持理性，罚抄已是事实，就不要过多评价，满腹抱怨，频繁解释。在孩子面前，要有对老师最起码的尊重。有位妈妈是这样回应老师的："感谢老师对他的关注，我会提醒他改正，罚抄的事情我相信他会安排好。"对老师的态度也将决定老师对你和对孩子的态度，孩子毕竟是去求学，是跟着老师学习，不卑不亢、理智谦虚地回应老师，不仅会让老师的态度有所缓和，孩子也会从你这里学会尊重。

再次，用"刻意练习"的认知来对待"罚抄作业"。

相比较正常作业来说，"罚抄作业"可能比较痛苦，有的是对同一个内容反复多遍抄写，比如把写错的生字抄 100 遍；有的则是对某些内容大量抄写，比如把某一单元的课文抄一遍。对于这种或重复或大量的且看起来似乎毫无意义的工作，孩子可能会抱怨苦，我们则可能会觉得老师过分。

但是事情既然已经发生，如果总是用负面情绪去应对，无非就只是给自己添堵罢了，与其让自己不痛快，不如换个角度去看待这件事。

德国心理学家 K·安德斯·埃里克森提出了一个"刻意训练理论"，也就是刻意练习，他认为"学习的最好办法不是知道，而是自己重复地做"，将"不会做或者做不好，但是又马上可以学习掌握"的内容进行刻意训练，反而可以练出顶级高手。

实际上，对照一下这些"罚抄作业"，我们也可以趁这个机会指导孩子来进行"刻意训练"。在这个过程中，孩子的书写、记忆等一系列能力，都可以得到提升。

最后，鼓励孩子自己承担责任。

"罚抄作业"起因源自于孩子自己的问题，结果是老师给了孩子惩罚，希望他能吸取教训。那么整件事都是需要孩子自己去面对的，作为妈妈，我们只能帮他合理规划时间，好好安排怎么完成包括正常作业在内的所有作业，要鼓励他自己去承担责任，可以给他加油，但不要过分干预，这也是培养孩子责任心的一个大好机会。

另外，也要培养孩子养成平时自主管理学业的习惯，这就要求孩子主动管理自己的行为，努力完成应该做的所有事，遇到问题了也要自己去思考解决，这有利于培养孩子的自主能力。

理智看待"标准答案"，用开放的态度多思考

既然能提出问题，一般就会有相对应的答案。孩子写作业，就是在面对一个又一个与知识点相关的问题，然后经过思考写上自己所理解并认为正确的答案。若想要判断这些答案是不是符合出题者的意图，是不是符合老师想要实现的教学目标，就需要一个评判标准，这就是"标准答案"。

但是对待标准答案，不同的人会有不同的感受。

有的妈妈是"唯标准答案派"，认为"标准答案是判断正确与否的唯一标准，凡是和标准答案不同的，都是在做无用功"，所以孩子不应该考虑太多，按照标准答案去做就可以了。

也有的妈妈是"反标准答案派"，认为"标准答案虽然正确但太过死板，孩子的大脑都被限制住了，不利于思维的灵活发展"，所以不需要看标准答案，一切按照孩子自己思考出来的答案为准。

还有的妈妈则是"怀疑标准答案派"，一面认为"标准答案很重要"，但又觉得"标准答案也不一定对"，所以会要求孩子"多听听老师的，老师让怎么做就怎么做"。

我们对孩子的学习操碎了心，但一定也要操对心，在"标准答案"这个问题上，不论是太过绝对的认知，还是犹豫不决的感受，其实都意味着我们对它存在一定的偏见，所以我们需要先理顺它存在的意义，然后才能更好地去指导孩子。

第一，把标准答案看成是一个参考。

标准答案到底是一个怎样的存在呢？

首先它是有一定权威的，因为毕竟是被制定出来作为衡量所有答案的标准，而且老师也会参照它来对孩子的解答进行判断，所以它本身的权威性值得尊重。

但同时，它也并没有那么重要，毕竟即便是标准答案也是人制定出来的，所以也会存在各种可联想的空间，而且如果出现了比它表达更合理、描述更精准的答案，那么它的标准随时都可以让位给新的答案。

所以要提醒孩子，标准答案应该是一个参考，就是可以去参照它来检查自己的解答过程，验证自己的解答是不是合理准确，但同时也可以发散思维，不让自己局限于这单一的答案之中。

第二，搞清楚标准答案的"标准"，然后再下结论。

虽然同为标准答案，但不同题目的答案标准内容其实并不相同。

从题目类型来说，一般的选择题、判断题、计算题，标准答案具有唯一性与权威性；应用题、问答题，需要思考之后再列出答案，那么这个答案就不唯一了，尤其是问答题，只要在题目涉及范围之内，与出题意图相关的答案都可以被算为合理答案；填空题如背诵类的填空题答案是唯一的，但比如"填一个形容词"这样的填空题就需要发散思维。

从题目要求来说，有的题目可能有很多种计算方法，尽管答案一样，但题目所考查的方向却不同，如果粗心大意不看题目只顾着做题，就很有可能被判为错。

举个简单的例子，计算题"30 +（28 –10） =？ "虽然最终答案可能是一样的，但是这里面却会有不同的出题意图存在。如果是考查顺序计算，需要先计算括号里的减法，然后再算括号外的加法，但如果是考查脱括号计算，那就要先拆掉括号，还要判断括号外的符号是否需要改变括号内的符号，然后再进行计算。如果孩子只顾着追求最终答案，就可能会忽略原本要考查的内容，计算过程就会出现与标准答案要求不符的情况。

所以对于标准答案，我们需要客观看待，培养孩子认真细心、善于思考的学习习惯，帮助他更客观理性地面对标准答案。

第三，教孩子正确使用"标准答案"。

标准答案是有一定的可参考价值的，也属于学习资源的一部分。

孩子可以利用标准答案来对照自己做的题目是否正确，如果标准答案是有解题步骤的，还可以从中检验自己的思考过程是不是正确，以及与标准答案存在哪些差异。

如果孩子有新的解题思路也可以记录下来，若是自己拿不准，就去与老师一起讨论，这也可以帮助孩子提升学习能力。如果孩子对标准答案有异议，同样可以记录下来与老师去讨论，这可以帮他解决很多疑惑，不论是他学习上的漏洞还是真的有新思路，通过对标准答案的思考都可以让他有所收获。而我们自己也要注意，不能太过教条，在题目允许的范围内，也要允许孩子对标准答案提出质疑，并引导他进行更多的思考。

第四，对"标准答案"持开放态度。

近几年，特别是新课改以来，高考出现了一个新趋势，即更多科目出现了开放性题目，无论是语文、历史、政治等文科科目，还是数理化等理科科目，均出现了开放性题目，而且比重越来越大。这些题目并没有严格意义的标准答案，也就是答案不是唯一的，所以学生答题时不必拘泥于某个固定答案，而是需要一个发挥的空间，但要突出重点、要点，逻辑性强。甚至可以说，高考在一定程度上以加分的形式鼓励学生发挥创造力与创新精神。

可见，对于标准答案，我们和孩子也应该持一种开放态度，要提前培养这种态度，提前训练，不对孩子的"非标准答案"进行"无情打击"。

努力营造家庭"岁月静好"的心理环境

孩子的定力不足，自我掌控能力还有待提升，所以读书学习时对环境的要求就比较高，容易受或好或坏环境的影响。对孩子来说，除了校园之外，家庭就是他最常待的环境了，所以家庭环境如何，也就决定了他是不是能够以一种良好的心理状态投入到学习之中。

比如，如果你的家庭是一个经常发生争吵的家庭，动不动就大呼小叫、恶语相向，孩子在这样的环境下，内心也会变得充满戾气，这种戾气放在学习上，就会认为一切让他感觉不好做的题都是在和他作对，他会忍不住用家人之间彼此吼叫的话语来表达自己的不满，整个人都显得比较急躁。

还比如，如果你的家庭充满各种负面情绪，彼此互相不停地挑对方的错，全家上下都处在一种"低气压"中，那么孩子内心也会感觉压抑、悲观，害怕自己出错，更害怕自己的错误被家人发现，久而久之孩子会变得过分小心谨慎、不自信。

所以我们整个家庭的氛围是影响孩子内心环境的关键所在。而这种心理环境的塑造正需要我们家庭中所有成员的共同努力，一起努力来营造一个"岁月静好"的家庭心理环境。

首先，学会正向消化自己的不良情绪，而非不管不顾地发泄。

有些人在外面对他人可以很好地忍耐，但只要一回到家，所有坏情绪就都出来了，于是家里经常会充斥着各种暴躁、抱怨、沮丧、悲伤，尤其是很多妈妈，这方面的表现会非常明显。

有的妈妈认为，"我在外面受了委屈，回家来面对的都是熟悉的亲人，怎么就不能发泄情绪了呢？"发脾气是每个人的自由，可是，为什么非要把坏情绪留给自己家人来消化呢？我们是思想成熟的成年人，很多不良情绪要学会自我消化，学会自我调节，或者选择各种其他方式来转移注意力，帮助自己放宽心，而非回家就把各种在外面受的气都发泄出来。

"窝里横"的表现，除了扰乱家中的平静氛围，也间接反映出自己处事方面的不成熟，也给孩子做了一个坏榜样，所以如果你也有这种习惯，那就赶紧纠正过来，还家庭安宁。

其次，尽量快速解决矛盾，并努力做到全家上下和平共处。

家也是个小社会，各种矛盾频出，这很正常。但是，有的家庭就是会让一个小矛盾不断发散，让矛盾在家里延续好几天甚至更久，全家上下也就总是处于这种压抑的气氛之中。

其实没有什么问题是不能解决的，有了矛盾，积极想办法解决矛盾，不要互相指责，而是互相包容，多想着去解决实际问题，彼此少一些抱怨，越快解决问题，越能让家中的压抑气氛尽快消散。

再次，不要硬把孩子当成自我情绪释放的垃圾桶。

有的妈妈一旦情绪上来，就可能会把孩子当成释放情绪的垃圾桶，要么是对着孩子各种找茬，指责他作业中的各种问题；要么就是很丧气地对孩子说，"你必须得好好学习，不然你看我，天天被人欺负，你要是没本事，你也和我一样被人欺负"；要么会对着孩子哭诉委屈，直说自己有多么难过、多么苦。

孩子对妈妈的爱会促使他很快生成同理心，妈妈的情绪对他也有极大的感染力，他会莫名其妙地背上这种负面情绪，并影响到自己该做的事情，更重要的是，他自己并不会排解。可能过一段时间妈妈自己好了，但这种情绪却可能压抑在了孩子的内心。

所以，不要这么自私地对着孩子发泄自己的负能量，他也是一个自由独立的人，他也有自由支配自己情绪的权利。成人自己的情绪请自己承担，自己想办法去解决，或者去寻找同样是成年人的家人、朋友来帮忙，不要让孩子承接成人所有的情绪垃圾。

最后，通过积极正能量的家庭活动培养和谐美好的
生活氛围。

家庭氛围需要全家的参与来进行改变，所以我们不妨多开展一些充满积极正能量的家庭活动，比如全家一起出行，一起进行体育活动，一起玩游戏，一起看欢乐的电影，一起分角色读书，等等。

在进行这种全家活动时，我们要暂时丢下烦恼，全身心投入到活动之中，和孩子一起尽情释放内心的压力，及时改善自己的情绪状态。

08

不吼不叫，

培养孩子事半功倍的写作业好习惯

学习需要有好习惯，写作业也一样，这些好习惯有助于孩子尽早摆脱在各种细节方面出现的问题，而且还能帮助孩子更高效地完成作业。所以，不要总吼叫孩子写作业怎么总出问题，要找对方法，从培养好习惯入手，这样孩子写作业自然会一点点步入正轨。

"作业是你自己的事"——独立写作业的开端

按道理来讲，孩子上小学后所学越来越多，各方面的能力都应该快速成长，逐渐走向独立。但是有相当一部分妈妈却感觉，自打孩子开始上学，好像做妈妈的要管的事情反而更多了。

比如，有的妈妈每天替孩子操心他书包里要带的东西，操心他有没有记住老师说的话。对每天的作业妈妈记得更准确，并时刻督促提醒孩子去完成。时间久了，孩子形成了依赖心理，但却并不会有感恩心。一旦他又忘记了什么，反而会抱怨妈妈"你怎么没给我记着"，这显然也不利于孩子独立能力与品行涵养的培养。

作业是孩子自己的事，理应由他自己主动操心，而我们也要把心收回来，不要替他背负责任，这才是真正对他成长有意义的行为。

既然作业是孩子自己的事，那他都需要在哪些方面引起注意呢？

第一，自己主动记住老师布置的所有作业。

让孩子将作业真的看成是自己的事，可以从要求他主动去记住所有老师布置的所有作业开始。现在绝大多数的家校联系都很方便了，老师经常会把当天的作业发到微信群里以备不时之需。但是，作为妈妈，却要正确看待这种做法，可以对老师发在群里的作业行使"知情权"，但却不要自动成为"传信员"。

要让孩子逐渐建立起"这件事是我自己应该主动去做的事"的意识，逐渐弱化自己在孩子自我学习这个过程中的影响。

最开始我们可以当孩子的辅助者，在他实在忘记某些作业时提醒一句，但平时要多叮嘱他"自己记住作业"。另外，每个老师都可能会留作业，那就给孩子准备一个专门记作业的小本子，把每堂课老师布置的作业都记在小本子上，这样可以防止遗漏，也方便他逐一对照完成。

第二，认真做好与作业有关的各种准备，独立思考，完成作业。

写作业也需要认真准备：比如工具，包括各种所需文具、草稿纸、作业本；书，包括字典、参考资料；环境，干净整洁、无干扰。这些准备也应交由孩子自己来完成，最初可以给他做几次示范，但之后就要教他学会自己去准备。这方面内容下一节会更详细讲述。

做好准备之后，提醒孩子要认真对待每一科作业。我们也要给孩子留出自由处理作业的空间，不要在孩子身边做"监工"。因为孩子才是写作业的那个主角，除非他来求助，或者他确实需要我们的配合，否则我们此时完全可以"被动"一些、"偷懒"一些。

第三，自己记住整理所有作业，并记住上交时间。

写作业是一个完整的过程，整理好作业并记得按时上交，才是写作业的最后一步，也就是说提醒孩子要做到"有始有终""善始善终"。

提醒孩子，每次写完作业后，要记得把所有作业都收好，检查是否有遗漏，包括是否有忘记写的内容，是否有忘记装进书包的作业。有些作业是要求准备某些物品，那就要看是否准备齐全，是否符合要求，等等。

同时，孩子还要记得上交时间，因为可能并不是所有作业都要求第二天交，有的作业可能是"周末前交"，有的可能是"下周再交"，孩子要记住交作业的时间，以保证每次老师收作业的时候都不会忘记，这其实也是培养孩子时间观念和认真细心的好机会。

不打无准备之"仗"——写好作业的基础

前一节提到了写作业的各项准备工作，有人可能会感觉有些意外甚至疑惑：写作业的准备工作难道还值得说吗？可事实就是，很多孩子之所以写作业的时候东张西望、坐不住、注意力不集中、总是出错、丢三落四……其原因都是因为"准备不足"。

有相当一部分孩子写作业都是"随性而起"，有的是想要赶紧写完然后就可以玩了，于是随便扒拉出一块地方，不管写得怎样，反正是写完了；有的是被催促烦了，抓过作业来，也不管在哪里，只要写了就行；还有的是觉得无所谓，随便什么地方、什么姿势都能写作业，一副懒散的样子……

这样写出来的作业，质量一定不会高，心不在焉，毫无准备，结果不是橡皮找不到了，就是笔没水了，要不就是需要查字典、翻参考书时却找不到它们在哪里，还有的甚至连自己的作业本都找不到……结果导致写作业要么断断续续，要么问题连连，写作业被孩子看成了一种任意而为之的事情，这是对学习的不尊重。

做任何事都需要充分准备，准备充分才能保证办事的高效率。俗话说，"万事俱备，只欠东风"，这句话如果反过来理解，就是要实现这种"只等风来"就可以行动的局面，其前提正是"万事俱备"。

而对于写作业这件事来说，孩子自身具备的主动写作业的意识可以被看成是"东风"，那么做好各种准备，就是他写作业的重要前提。

为免打无准备之"仗"，孩子要建立好写作业的基础，那么，他都需要做好哪些准备呢？

第一，工具准备。

写作业的工具准备是准备工作中的基础之一，这些工具包括铅笔、橡皮、水笔或钢笔、尺子、圆规、量角器、三角板等必备文具，草稿纸、作业本，以及各种字典、词典、练习册、辅导书等相关工具书。

最初妈妈要做好示范，让他知道要准备什么东西、怎样准备，之后就要教他学会自己削铅笔、更换水笔芯，明白自己需要用到什么类型的字典和需要翻阅哪些参考书等。

随着孩子越做越熟练，他的好习惯会逐渐养成，我们也就可以慢慢放手了。当然对于他日常用具的补充，我们还是要上心的，像是文具短缺了，或者有其他需要了，在孩子还不具备自己选择、购买、配备能力的时候，我们要满足他的这些正常需求，或者提前做好准备。

第二，环境准备。

写作业的环境需要安静、干净、整洁，只要条件允许，孩子要尽量让自己写作业的环境满足这些条件，因为这是保证他可以聚精会神高效完成作业的另一个重要前提。

孩子要选择一个合适的写作业空间，独立安静有明亮的光源，把自己要用到的桌子收拾干净，清理掉不必要的杂物，至少让视野范围内可见的都是所需的写作业的工具。

第三，心情准备。

写作业的心情准备，相当于是孩子内部环境的准备，他需要在心如止水的情况下进入到写作业的状态中。所以在写作业前，孩子要尽量处理好各种可能扰乱心神的事，不论是开心的还是不开心的，都要尽快处理好。当然有一些比较麻烦的事，如果一时半会儿难以解决，那倒不如暂时停下来，先集中精力做作业，等完成该做的内容之后，再认真思考怎么解决之前的问题，没准儿经过这一暂停，孩子反而想到了好办法。

同时孩子还要做好心理建设，那就是不论遇到怎样的难题，都不要烦躁，不论有什么问题，都不要沮丧抱怨甚至最终放弃，一旦开始写作业，就不要半途而废，直到认认真真全部完成为止。

第四，思想准备。

写作业的思想准备包括"一大一小"两个方面。

"一大"的准备，就是孩子要提醒自己"我即将开始写作业了，应该进入到一个思想集中的状态了，不能再胡思乱想"。这其实也是一种仪式感，就是孩子要在思想中提醒自己，"作业时间到"，接着整个人都要调整为"作业状态"，并迅速进入状态，执行任务。

"一小"的准备，则具体到孩子作业的内容与计划安排。孩子要明确自己当天的作业都是什么要求，然后计划按照什么顺序来完成，准备从哪一科开始，思想就要调整进入到哪一科所需要的状态中，然后一科一科地做下去，让思路连贯起来，不会中途被其他事物打断。

认真听课——写好作业的前提

学习是一个包含多种要素的综合体。就学生而言，在学校怎样才能把知识学好为自己所用呢？需要预习、听课、写作业、复习、考试等多种要素综合在一起，让知识在头脑中反复出现，引发思考，之后才能学有所成。

　　而且，与学习有关的所有行为，彼此之间都有联系，并非单独存在。预习是为了更好地听课，听课就可以写好作业，写作业相当于是对课程的复习，经历过认真的复习就可以更好地应对考试，考完试意味着一个阶段学习的结束以及下一个阶段学习的开启，而为了迎接下一阶段的学习就要再好好预习。孩子的学习就是这样一个循环接着一个循环，环环相扣。

　　要注意，在这个循环中，就有"听课才能好好写作业"这一环，所以要想好好写作业，就要认真听课，在课程上认真思考、接纳吸收知识，才能在作业中有效地运用知识。

　　其实这个道理很多人都懂，我们自己就经历过学生时代，自然也是明白"好好听课才可能好好写作业"的道理，可是现如今，很多孩子却需要格外强调这样的内容，这也是有原因的。

　　一方面，很多低年级的孩子在入学前可能就已经超前学习了很多知识，再加上低年级的学习内容多半都是记忆，相对来说也浅显易懂，于是孩子是在"我已经会了"的前提下去听课的。因为会了，便不愿意认真听讲，也同样是因为会了，很多作业可能不需要老师讲，他自己就会做了。没有这种直接的体会，所以，他无法把听课与写作业进行直接联系。

另一方面，一些妈妈在发现孩子写作业遇到问题时，会成为主动帮忙的"答题人"，于是孩子会产生"只要不会，问妈妈就可以"的错觉，从而不再认真听课，因为"问妈妈"比"自己听课主动思考"省事多了。

但随着所学越来越多、越来越深奥，孩子不可能一直不听讲就能学会，而且我们也会感觉课程越来越难，可辅导的范围将越来越小，也越来越力不从心，直到再也无法给出更多的帮助，如果孩子在前期没有养成认真听课后独立完成作业的好习惯，那么后期他就会遇到更多的麻烦。

所以，在初期，我们就要重视孩子听课与写作业间的联系，不要顾此失彼，引导孩子学会认真听课，把听课内容与作业联系起来。

在帮助孩子的过程中，可以分两步走：

第一步，提醒孩子听课不仅是为写作业，更是为了学知识。

要求孩子认真听课时，有的妈妈会说"你不好好听课就不会写作业"，虽然这个因果关系没错，但孩子很容易会错误理解成"听课就是为了写作业"。所以，作业之外的课，孩子可能就不重视听了，这显然不妥。

所以，在提醒孩子时，要注意自己的表达是否合理，要引导他更关注对知识的学习，告诉他："作业只是所学知识的一部分，是对某些知识点的考查，但作业不代表所学知识的全部。而且同一个知识点也会反映在不同的作业内容上。"孩子学得越多越细致，对知识的理解越透彻灵活，才能以不变应万变，去应对所有作业。这意味着孩子在听课时要更专注于老师讲的所有内容，摒除杂念，真正把知识学会，作业自然也就不在话下了。

第二步，教孩子利用作业来检验听课的效果。

是不是真的认真听了课、学到了知识，作业其实是一个很好的检验方式。如果孩子能够理解老师所讲的内容，那么做作业的时候，就可以理解题目的意思，并能根据题目要求来给出正确答案。相反，如果孩子能读懂题目却不知道应该怎么解，那其实就意味着他对课程内容的理解不够全面深刻，也就是他的听课效果并不好。

所以，在做作业的过程中，孩子是可以发现自己的问题的，当遇到题目做不出来、不那么容易做、理解不了、错误明显时，其实就意味着那道题目所涉及的知识点是孩子学习中的漏洞或者说障碍。

从另一个角度来看，这也是一种快速帮孩子找到知识漏洞的方法。根据作业问题的"指向"，孩子就可以及时弥补漏洞、纠正错误、解决问题。

另外，孩子从作业中也可以判断自己听课是否细致，比如，如果总是出现"记忆不完整"的错误，那么就可以提醒自己以后听课的时候一定要全面认真，以避免再犯类似的错误。

先复习再写作业——顺利完成作业的保证

《教育大辞典》把完成学习任务的作业分成了课堂作业和课外作业两大类。课堂作业是老师在上课的过程中，要求学生当堂便完成的各种练习，可以随时检测学生的听课效果；课外作业则是老师布置的学生在课外时间独立进行的学习活动，意在检测学生是否理解课上的讲授内容，这种作业也就是我们所熟知的家庭作业。

课堂作业因为夹杂在老师讲课的过程中，只要孩子的思维能够紧跟老师的讲课进度，多半都能很好地完成，而课外作业则不然，需要孩子在放学后再去完成，此时已经离听课有一段时间了，虽然有些孩子的确有超强的记忆力或领悟力，可以很迅速地把当堂内容回忆起来，或者有的孩子凭借自己平时的积累对作业"一看便知"，尤其是计算类的作业，很多孩子都是直接上手就计算，但还是有一些孩子并不能牢记课堂知识，这就很容易出现"一边写作业，一边翻书查看"的情况，不仅拉长了做作业的时间，也使得做作业变成了"对照教科书找答案"的过程，而这就减损了"做作业是为检验所学"的意义。

有人将孩子这种"边翻书边做作业"的做法称为"隐形作弊"，为什么这么说呢？来看一个例子：

有位妈妈发现，近一个月以来儿子的作业做得质量并不差，可是当月的月考成绩却并不好，从原本班里的中上游滑到了下游。

后来妈妈仔细观察了一下，才发现儿子在写作业时总是要一边翻书一边写，很多问题并不是他自己思考出来的，而是对照着书里的讲解或例题完成的。如果合上书去问，他对很多知识点回答得都支支吾吾。妈妈这才意识到，儿子其实并没有真正学懂那些知识，只能算是一知半解，因为他知道去哪里寻找答案。所以，虽然作业质量不错，却也只是个"绣花枕头"，一到考试，没有了翻书条件，他那些漏洞、问题也就全暴露了。

这个孩子的表现就是典型的"隐形作弊"，就是指孩子为了完成作业而翻阅教科书或参考答案，表面看作业质量很高，但其实那些被翻阅的内容就是他没有学懂或模糊的知识点，待到考试时问题就会暴露出来。

显然"隐形作弊"要不得，孩子应该"独立自主"地完成作业，那么他就要做到"先复习，再写作业"，即在写作业前，将当天讲过的课程再重新复习一遍，让老师讲过的知识点在此刻回到记忆最前端，然后合上书，趁着记忆犹新以及理解通透，将所有题目独立完成。

具体来说，可以这样来引导孩子：

第一，合理安排时间，有序复习。

有的孩子复习是把当天所有课程都先过一遍，结果可能最后复习的那一门课作业完成得还行，之前复习的那些到写作业时又忘记了。

写作业前的复习也需要合理安排，可以建议孩子复习一门功课，然后就立刻去完成这一门的作业，结束一门内容，然后再继续下一门。有序复习可以避免孩子思路混乱，能保证做作业时专注于当下。

第二，专注知识点，有问题及时解决。

复习的时候，孩子要抓住老师课堂上讲到的知识点，包括重点、难点，因为这些都可能是作业中会提出问题的内容。如果有笔记，也要结合笔记和课程内容一起来进行复习。对于出现的问题，比如记忆不牢固、知识点模糊，孩子要当下就解决，而不要觉得无所谓，越早解决知识盲点，也就越不会在日后形成大的知识漏洞。

第三，真的投入到复习中去，不拖延，不敷衍。

复习时间应该是有限制的，而不能没完没了地以复习为借口，反倒拖延了做作业的时间。也要提醒孩子注意时间，不要假借复习之名，反倒走神想别的事情。

而且，复习也要真的投入进去，而不是粗略地随便翻看一遍就算了，只记个大概和认真深入地理顺知识点所得到的结果是完全不同的。哪怕是计算题，也需要孩子认真看一遍老师讲过的内容，把重点难点都好好理顺，做到能够完全理解所学内容。

第四，复习过后要合上书本再写作业。

复习就是为了更好地做作业，那么做作业的时候就需要合上书本再去做，但有的孩子可能依旧会回头翻看，那其实就意味着，要么是孩子的复习并没有做到位，要么是他对自己的学习没有信心。

提醒孩子要摆脱对书本的依赖，既然已经认真复习过了，那就要相信自己。要帮孩子缓解这种紧张情绪，有的孩子容易患得患失，总怕自己复习了也做不好，那么我们的肯定与鼓励要及时跟上，让孩子亲眼看到自己合上书后的作业完成质量，给他足够的信心。

把每次作业都看成是一次小考试

孩子对待作业的态度是怎样的呢？那可真是五花八门。

有的孩子觉得，作业可以帮助自己更好地学习知识，所以要认真对待。这样的孩子真是很自觉地在为自己的学习考虑了，说明他对学习也有很正确的认知，所以这样的孩子未来的学习多半都不会差。

但也有孩子会认为，作业就是老师布置下来的任务，"为了防止我们总是疯玩，给留点事儿干"，这样的孩子对作业就显得有些敷衍了，只要完成"任务"，其他的就不管了。还有一部分孩子把作业看成是"不得不做的麻烦事"，这样的孩子对作业态度就更差一些，作业质量也多半不高。当然也会有那么一部分孩子把作业完全不当回事，要么不写，要么抄作业，学习成绩也就一言难尽了。

所以，引导孩子认真写作业，首先要改变孩子对待作业的态度。但我们不能把精力放在吼叫上，还是需要更有智慧的方法。

可以提升孩子对学习中各个环节的重视程度，就作业而言，如果将每一次作业都看成是一次小考试，让孩子以对待考试的态度来对待作业，假以时日，相信他的作业质量、学习效果都会有较大提升。

作业与考试，本质上都是对学习成果的检验，只不过孩子写作业的时候会更放松一些，而对待考试则会更紧张。那么如果把应对考试时的心态放到写作业上来，从理论上来讲，是可以让孩子的态度变得更谨慎、更积极的。而且，考试时也会要求孩子更为细心、认真，审题、解答的过程也会经历更严谨的思考过程，如果能把这样的态度应用到作业上，那么写好作业也就会是一件自然而然的事了。

既然如此，不妨引导孩子把每次作业都当成是一次小考试，然后以对待考试的态度来对待作业，让他看看自己到底能做到什么程度。

要完成一次考试，需要复习、准备、认真审题答题、检查等步骤，孩子每天的作业也可以这样依此顺序来完成。

首先，认真复习。

作业题目都是对当天所讲内容的重点考查，所以认真复习当天老师所讲的内容，并对老师之前提到的一些关键性内容再进行一轮回忆、思考，基本就可以应对当天的作业了。

其次，细心准备。

考试时必然要提前做好各种准备，比如，准备好各种文具，在头脑中回顾一遍所学的知识，正所谓"有备无患"，考试最忌讳打无准备之仗。作业也是如此，相关的工具、作业内容的准备，会让孩子减少来回查找翻看的麻烦，最终一气呵成完成作业。

再次，谨慎审题并作答。

考试的时候，每道题都要认真阅读，仔细思考，然后将答案一步步解答出来，并慎重填上或写出来。作业也是由一道道题目组成的，不论简单与复杂，对待这些题目，孩子都要认真审题之后再解答。

因为有些作业题非常简单，比如有的数学题就是把教科书上的例题换了个数字，有的语文题就只是要求阅读生词，有的孩子对待这样的题就会很无所谓，随便应付了事，但越是简单其实越需要谨慎，否则一马虎可能就把正确答案写错了。正所谓"考的全会，会的全对"，关键在"全对"上，想要达成这样的目标，一定不可"轻敌"。

最后，仔细检查。

写作业并不是写完就完了，作业也一定要经过检查才能算完全做完，所以孩子在每做完一科作业之后，应该把涉及的题目和自己的答案都好好核对一下，对于计算的内容也要验算一下以保证答案的准确性。要让孩子自己养成及时检查的好习惯，这样一来，即便有问题，他也能第一时间发现并纠正，同时还能培养严谨细致的好习惯。

写作业时独立思考很重要

写作业考验的是孩子对知识的掌握能力、思考能力、理解能力……独立思考完成所有作业，才能让孩子真正掌握知识。

但是，一些孩子写作业的时候，却总想着要找一些依赖，要么是依赖教科书，要么是依赖教材解读类参考书（附教科书习题答案），要么是依赖其他同学，要么干脆就依赖父母……更愿意做那些对照例题换换数字就能做出来的题，凡是有提及"为什么""想一想"等字眼的题目，就不愿意自己动脑筋，非要求助一下才行，这就是孩子缺乏独立思考能力的表现。所以，要鼓励孩子抓住做作业这个大好机会，培养他的独立思考能力。

首先，提醒孩子写作业之前要认真思考。

与作业有关的思考，并不是从写作业才开始的，而是在写作业前就应该开始了。孩子在开始动笔之前，应该好好看看作业的内容，不要急着写，可以思考这样一些问题：

这些作业内容分别对应了什么知识点？

这些作业想要考查哪方面的能力？

自己对于这些作业有怎样的理解？

与这些作业相关联的内容自己有没有掌握？

对于这些内容自己还存在什么问题？

要完成作业需要做哪些准备？

根据自己的能力，完成这些作业需要多长时间？

怎样安排可以更高效地完成作业？

……

在写作业之前，对与作业有关的内容进行一番认真思考，有助于孩子理顺思路，以清晰的头脑去应对接下来的作业内容。

另外，这种作业前的思考还包括更细致的一层意思，举例说明：

一位妈妈打算检查8岁女儿数学作业中的计时计算题。

在妈妈开始计时前，女儿忽然对妈妈说："给我两分钟，我想先把题都看一遍，我觉得我能把题背下来，一会儿计时做的时候就快了。今天在学校里我就是这么做的，我是班里做得最快的，也都做对了。"

妈妈同意了她的要求。女儿用了两分钟将题目都看了一遍，脑子里留了大概的印象，计时开始后，她果然速度飞快，且答案全部正确。

从这个女孩的表现来看，这种动笔之前的思考的确有助于她更高效地完成作业。也就是说，孩子在动笔前，最好有一个思考过程，除了考虑前面那些大方向的内容，这些更有针对性的思考也是很有必要的。

其次，教孩子学会针对不同的作业内容展开思考。

不同的作业涉及的思考方法和内容都各有不同，孩子需要针对不同的作业内容，在做的过程中用相应的思维去解题。

在每做一科作业时，孩子要把自己的思维调整到这个科目"频道"上来，用数学思维认真处理数学题，用语文思维来解决与文字阅读有关的思考，再参考老师课堂上所讲的思路，总结出更快更好完成作业的方法。

这也要求孩子能够有条理地调用自己头脑中记忆的知识，迅速地将当天所学与作业要求结合起来进行思考，以得出正确的答案。

最后，鼓励孩子学会举一反三。

思考应该贯穿于孩子学习过程的始终，而不仅限于孩子写作业的环节。孩子还可以在完成作业之后继续思考，这样不仅不占用作业时间，还能拓展自己的思路。

要鼓励孩子提出自己的问题，对于作业中的一些问题，要尽量打开新思路，学会举一反三，对一个问题有多角度、不同层次的思考，这样孩子的思路才能越来越灵活。

细节见真章——作业要保持干净、工整

对于作业，我们习惯于用"写作业"来描述它的完成过程，这是因为孩子大部分的作业都与纸面书写有关。

那么，一份作业是不是合格，都要看什么要素呢？题目做得是不是正确是肯定要看的，但怎么让人知道它是不是正确呢？自然是从孩子写出来的字来判断。所以，孩子的作业是否写得干净、工整，是保证老师是否清晰认出作业内容到底写了什么、有没有出错的重要因素。很多时候，一份整洁、干净的作业会使老师给出很好的印象分。

一位老师曾经在家长群里发过一张满分试卷。这张试卷的卷面除了答题字迹，其他地方都干干净净，而书写内容一笔一画，连选

择题的"√"都写得规规矩矩，所有的文字内容写得一丝不苟，虽然不能完全保证横平竖直，但工工整整，看上去赏心悦目。

实际上这张试卷写错了一个字，按道理应该是被扣分的，但老师却说，"看着这漂亮的字体，整洁的卷面，阅卷的时候都不忍心给他扣分"。

这足以见得，良好的书写习惯，保持纸面的整洁干净，对于孩子的学习来说有多么重要。如果孩子在写作业的过程中，不仅出色地完成了所有作业内容，还能保证书写干净工整，这其实体现的不仅是他写作业的思考能力，更体现了他对待细节的严谨态度。

而且，面对书写得工整干净的作业，其实不仅老师看着赏心悦目，会赞赏与鼓舞孩子，而且写作业的孩子自己内心也应该是很舒服的。干净整洁少错误，这无疑会让孩子对自己的学习更有自信，也会体会到不一样的乐趣。

所以，细节之处见真章，在孩子的手部力量足以支撑他去握笔、运笔的时候，要尽早教他掌握正确的书写方式，引导他以认真的态度对待所有需要书写的内容，同时保证纸面的整洁，从而使他的作业能给人一种一目了然的通透与舒适感。

首先，提醒孩子以认真负责的态度对待需要书写的作业。

越是秉持认真负责的态度，孩子才会越重视要做的事情。所以说到底，还是要从规范孩子对学习的认知入手，让他明白学习对他的意义所在。

要培养孩子的责任心，不论做什么事，都能以一种更认真的态度去对待。而这时，不论是我们提及的"你应该好好书写"，还是他自己对于认真书写的认知态度，都会被他更顺利自然地接纳。并且，他也会因此而建立起主动"好好书写、保持整洁"的意识。

其次，在孩子建立了认真的态度后，要特别注意某些细节。

这些细节包括：爱护作业本，用铅笔或水笔书写时，要注意不要总用手去蹭笔迹，否则铅墨会污染笔记本；少用橡皮，反复使用橡皮，不仅会让本子上留下之前书写的印记，反复擦拭还有可能弄破页面，另外现在还有很多孩子会使用修正带、修正液，这也需要注意，孩子要提升的应该是认真细心的态度，而不是不断提升修正工具的"等级"，况且正式考试是不允许使用修正带、修正液的；注意清理其他物品，保证不污染作业本，像是零食和饮料，如饼干屑、水果汁、蛋糕油等，还有水渍或其他液体等，都要远离作业本……这些细节都事关作业本是否整洁干净，提醒孩子要以十二分的认真态度对待每一个细节。

最后，教孩子要特别注意、重视书写的过程。

这个书写并不仅是书写汉字，还包括书写数字、标点符号、音标、数学符号、线条、对错选择符号、序号等内容，孩子要保证一笔一画写到位，不能胡乱应付甚至写得连自己都看不清。如有条件，在征求孩子意见的基础上，可以让他参加硬笔书法班。在小学初期，通过一两年较为专业的训练，打好书写基础，具备一定的书写功底，可能会让孩子一生受益。

总之，写字要尽可能做到横平竖直，认真对待每一次提笔、落笔。

同时，还要提高准确度和效率，也就是说不能因为想要写得工整，就浪费大量时间在一笔一画上。同样的时间里，别人可能已经做了两道题了，孩子却刚写了几个字，自然是需要改进的。

孩子可以通过训练，让书写质量与速度两相兼顾，也就是让自己具备既写得好又写得快的本领，保证质量的同时还要提高速度，这样才是书写的正确打开方式。当然，实现写字又快又好并不是一蹴而就的事，需要孩子每天认真练习，只有肯下功夫，就一定会看到改变。

检查作业这件事，到底由谁来做？如何做？

作业写完了就算完了吗？就可以不用管了吗？当然不是。"不论对错，写完拉倒"的想法是对作业不负责任的表现。作业写完了，还必须要检查，这也是一个关键步骤。

但是问题又来了，检查作业这件事，到底谁来做？怎么做？

很多孩子认为，"检查作业当然是爸爸妈妈的事了，他们要是不给我看看，我怎么知道到底是做对了还是做错了"，很多妈妈也这么认为，"这当然得做家长的来做了，孩子自己又不知道对错，我们可不得给他把关"。

当你和孩子都理所应当地认为"检查作业这件事是父母的事"时，其实都意味着忽略了对孩子进行责任心培养这件事。而且，这也证明，你并没有把孩子看成是正在长大、变得独立的人。

可能有的妈妈会说，孩子哪儿知道怎么检查呢？的确，小学一二年级的孩子对于"检查"这件事可能真是一头雾水，但孩子最开始的时候对什么事不是一头雾水呢？但最终，他不是都能学会处理了吗？这就是成长。

所以，对于检查作业这件事，你要逐渐把这个责任交回孩子自己手中。在这件事上，你应该有一个"流动性"的表现。那怎样来体现这个"流动性"的表现呢？就是随着孩子的成长，你在这个过程中所扮演的角色，应该不断地发生变化。具体而言，都有哪些变化？

第一，在孩子一二年级时，你是示范者和引领者

——提醒他，做完作业一定要检查。

一二年级的孩子没有"检查"这个概念，做完作业对于他来说就已经是一件很"了不起"的事情了，他会觉得自己完成了一项大任务。那么对于这份天真，你在守护的同时，也不要忘记引领他成长，适时提醒他，"做完作业一定要检查，这是一定不能缺少的步骤"，你的检查就是在给他做一个示范，让他知道"检查"这个步骤应该怎么做。

然后，你在检查过程中尽量不要去直接指错，而是给出一个大概范围，比如告诉他"你在第三题到第六题之间有个小错误""把刚写过的那几个拼音，自己读一下看看"，通过这种方式来让孩子自己去发现错误，由此让他逐渐具备独立思考、发现问题与解决问题的能力。

第二，当孩子升入三四年级后，你就是指导者和

辅助者——详细指导他的检查。

三年级之后，孩子各方面的发展都会有一个很大的进步，那么

这时你就不需要过多示范与干预了，而是指导孩子自己去对所有作业进行检查。比如，提醒他检查作业应该注意完整性、准确性，注意解答格式、步骤与答案，注意书写等细节处理，等等。

此时你不需要再对他的检查投入过多的精力，可以成为他的辅助者，在他忽略某些地方的检查时，及时提醒，引导他继续完善检查，指导他将检查做得更精准细致。

第三，孩子进入高年级后，你就是"旁观者"和
提醒者——避免孩子糊弄了事。

高年级的孩子其实本身也已经并不乐意你对他的过多干涉了，那么此时你就要退居"二线"，成为一个"旁观者"。但不要真的成为"甩手掌柜"，因为孩子此时依然不定性，他可能会偷懒，可能会敷衍。检查作业也是一个好习惯，习惯养成过程中，当你观察到他心不在焉或者糊弄了事，就要及时提醒。

提醒孩子，检查是他自己的事，如果他不认真对待，就要承受后续出错的苦恼；同时，检查也要认真细致，不放过任何一个细节，这才是检查的意义；还有就是，不论是不是有把握保证全部正确，都要认真细致；最后就是检查也要少而精，要会合理利用时间，而非一字不落，尽量减少重复检查造成的时间浪费。

总之，要让孩子成为检查作业的主导者。不过，在培养孩子学会检查的过程中，我们也要注意自己的表现。前面提到的三个阶段可作为检查作业的"三做原则"：提醒孩子一定要检查，详细指导孩子检查，教孩子认真且细致地检查。接下来，我们还要做到"三不做原则"。

第一，不做"强势干涉者"。

既然要慢慢把检查作业的权利交回孩子手中，那就真的让他成为自己的主导者。即便看见了问题，我们也不要强势干涉，而是耐心等待孩子自己去检查（一二年级时可以适度提醒他），信任他逐渐提升的检查能力，相信他的检查结果。

第二，不做"问题解答者"。

两千多年前，我国最早的一部也是世界上第一部教育学专著《学记》就指出，"开而弗达则思"，意思是给予学生启发但并不全部讲解，也就是简单提示一个思路或方向，而不直接把答案告诉他，这样就会引发他去思考。这是多么有智慧的教育方式！

再回到写作业上来，孩子检查作业时，有些错误是他一目了然就知道怎么改的，但也有些也会让他卡壳。这时应该引导他思考，而不要直接就予以解答，有问必答、有问必全答是不妥的，要注重开启孩子的思考精神。

第三，不做"情绪审判者"。

不论什么时候，检查作业都可能会查出错误和问题来，这时你的情绪是否平静就显得很重要了。不要让自己的吼叫给孩子带来压力，使他将作业和检查作业都看成是负担。你要避免成为受不良情绪影响的"审判者"，尤其不要一冲动就撕作业本甚至动手推搡、拍打孩子。你越是平静对待孩子的问题，他越能专注于问题本身而非你的情绪。

当然，凡事并无绝对，不是说教会了孩子自主检查作业，你就真的可以做一个"甩手掌柜"了，在很多情况下，根据当时的条件和要求，作为关心孩子学习与成长的负责任的教育者，你还是有必要介入来为孩子提供一定程度的帮助。

教育孩子这件事，需要弹性和灵活应变，做一个有智慧的教育者很重要。

作业习惯的养成贵在"持之以恒"

全然接纳作业、主动做作业、专心写作业、认真检查作业、仔细整理书桌……关于作业的种种习惯养成会让孩子逐渐成长为一个理性、细致而又严谨的人，这无疑也是在帮他建立正确的学习观。

可能很多人会更在意"做作业都需要哪些好习惯"，这的确很重要，但是"每个习惯的养成都是需要时间的"，且不同的人所需要的时间也有所不同。简言之，作业习惯的养成贵在"持之以恒"。

要使习惯"持之以恒"，其实需要亲子双方共同努力，一方是习惯的主导者——孩子坚持不懈，养成习惯之后还要将习惯坚持下去；另一方则是感受习惯的旁观者——父母给予信任、肯定与鼓励而不是强势干涉孩子。

第一，从孩子的角度来看。

让孩子养成一个好习惯并不容易。因为孩子的专注力、兴趣都会随时发生变化，感兴趣的事情还好说，不感兴趣的事情就相当于是在强制自己去养成习惯，很容易厌倦并产生排斥心理。

所以，我们在培养孩子良好作业习惯的过程中，不仅要引导他了解这些习惯，还要鼓励他、肯定他，让他愿意主动坚持下来，直到好习惯养成，并将好习惯一直坚持下去。

这个过程中不要频繁吼叫孩子"你怎么就没有好习惯""让你养成习惯怎么就这么难"，好习惯是一步步养成的，要表现出愿意陪着孩子、愿意相信他的态度，这样孩子才可能安心去接纳习惯并日复一日地让习惯渗透进他的生活。

第二，从妈妈的角度来看。

妈妈对孩子的习惯养成影响非常大。比如，看到孩子表现不错，有的妈妈会忍不住要奖励一下，可能就会说，"今天你可以不用写作业了，周末晚上再写也可以"，或者"最近表现挺好，作业可以延后再写，反正假期时间还长"。

永远不要低估这一句"作业可以不用写了"对孩子的影响力有多大，妈妈可能以为"我就是看他之前挺努力也挺辛苦，奖励他一下，为了让他日后更努力"，但孩子却并不会如你所想，反而会瞬间将这句话理解成"原来作业可以和休息、玩耍作交换，原来作业也是可以不用每天写的"，这相当于亲手把孩子的好习惯打破了。

一位妈妈分享了自己的经历：

有一天老师说，要开启'读书打卡'的活动，要求每天把读书的情况发到班级群中。最开始，班里的所有孩子都参加，但因为这并不是一个强制性的活动，所以后续读书打卡的孩子越来越少。

我从第一天就提醒女儿，这是一个需要长期坚持下来的活动，不能因为不喜欢了、累了就放弃，女儿同意了，一直坚持每天都打卡。

有人跟我说"周末的时候可以让孩子歇一歇"，但她自己已经形成了好习惯，每天都会主动拿书去读，读完会很开心地过来要求打卡，我不认为"歇一歇"是一个合适的建议。

时至今日，班里只剩下了她一个人在坚持读书打卡。

而她有时候也会不开心，但那只是因为她当天要读的书有些难。她从未对每日读书这个习惯产生过任何不满，我也从未说过"你今天可以休息不读了"，读书这件事已经成了和吃饭睡觉、刷牙洗脸一样的生活常态，我觉得这真是一个不错的习惯。

孩子已经形成的好习惯，其实没那么容易被破坏，因为习惯会成自然，但你却会因为自身的局限而让他对自己的习惯产生动摇。

读书如此，做作业也是如此，怎么安排作业，怎么延续好习惯，这个主导者都是孩子自己，一旦他已经养成了好习惯，你千万不要成为那个破坏者，此时你应该感到欣慰。孩子主动地养成了习惯并坚持了下来，他的生活已经进入有序状态了，说明他并不会因为作业的存在而影响到其他的事情。所以，这时你所谓的"奖励"无异于多此一举，若孩子因此而引发了习惯的混乱甚至习惯的消失，那后续你反而更痛苦。

所以，对于孩子的习惯养成，你可以提出自己的意见和建议，但不要擅自打破他的习惯，随意插入自认为是为他好的事情。尊重孩子的安排，相信他可以合理调节，这是对他养成好习惯的最大肯定。

09

—

不吼不叫，

教孩子认真去面对各种形式的作业

　　"做作业"是一系列行为的汇总，只不过"书写"在完成作业过程中占据了很大的分量，很多作业都需要思考、书写来完成。其实作业还有很多其他的形式，不论什么形式，只要是"作业"，孩子都应该认真对待，我们也都应该保持平常心来引导和指导他。

阅读作业——学习的重要基础之一

　　语文老师经常会给学生留阅读作业，简单来说，就是阅读一段文字、一篇文章、一本书，然后从中汲取知识、进行思考、获得启发。为什么会有阅读作业的存在呢？

　　《小学语文新课程标准（2019 年最新修订版）》在关于阅读教学的实施建议中明确指出："阅读是搜集处理信息、认识世界、发展思维、获得审美体验的重要途径。阅读教学是学生、教师、教科书编者、文本之间对话的过程，是学生的个性化行为。阅读教学应引导学生钻研文本，在主动积极的思维和情感活动中，加深理解和体验，有所感悟和思考，受到情感熏陶，获得思想启迪，享受审美乐趣。……阅读教学应注重培养学生具有感受、理解、欣赏和评价的能力。……逐步培养学生探究性阅读和创造性阅读的能力。……培养学生广泛的阅读兴趣，扩大阅读面，增加阅读量。"

可见，阅读作业的目的，是让孩子通过大量阅读，来开阔视野、提升思维能力、培养阅读兴趣等。实际上，阅读可以被看成是所有学习的重要基础之一，不论是哪一门课，能不能顺利阅读，都决定了孩子是不是能够顺利入门。若是连文字都读不懂，又何来去领悟、理解知识内容呢？

有一位妈妈讲了这样一件事：

孩子在进入一年级后进行第一次期末考试，老师说很多孩子的卷面是'白'的，因为他们读不懂题。我的孩子在入学之前就开始培养阅读习惯，对于基本的文字至少能读下来，而文字代表的意思她也基本能理解，所以她做题就不费劲，很容易读懂题目，并按照题目要求去做，做得质量也很高。

这就是阅读能力的重要性，孩子理应重视阅读作业并认真去完成。

首先，提醒孩子阅读作业不可忽略不做。

阅读作业因为其形式特殊，很容易被忽略。毕竟，普通的书写类作业，落笔有迹可循，对错一目了然，是否做了翻翻作业本就知道，但阅读作业就不同，孩子到底读没读，读得怎么样，有没有受到启发，不好去评价，所以很多孩子都会当阅读作业是一个"可有可无"的存在。

当然，这只不过是孩子片面的认知罢了。孩子到底读没读，老师肯定能感受得出来，因为阅读之后，文字、意义、思想、感受都进入到头脑中，在孩子的话语之间会有所体现。更何况，古人就已经提醒过"书读百遍，其义自见"，如果一遍都不曾读，哪里来的对"义"的感受呢？

不做阅读作业，欺骗的只有自己，因为阅读作业所带来的收获是永恒的，而不读便永远没有收获。

其次，教孩子正确地完成阅读作业。

阅读作业并不只是"读"这一个动作，还要教孩子应该怎么去做，让他通过正确的阅读方法来真正从中有所收获。

比如，通读文章，就是通过认真朗读，把文章完整地理解下来，边读边思考，了解文章的大意以及思想；遇到好的字词句，可以顺手摘抄下来，这不仅可以帮助孩子理解文章，同时还能收集好词好句以便于日后写作时使用；书写读后感或随读表达感想，可以将自己的想法写在文章空白处或者单独写一篇日记、小作文，让阅读变得更有意义。

最后，引导孩子通过阅读作业培养阅读习惯。

阅读作业的本意并不只是"读一篇文章"这么简单。如果孩子能够通过不断的阅读从中产生兴趣，在思想上有积极正向的收获，并养成良好的阅读习惯，这才更能体现阅读的意义。

所以，可以借由阅读作业来引导孩子真的投入到阅读这项活动中去，不只是认真完成老师布置的"阅读作业"，也让他将阅读的兴趣拓展开来，将阅读的范围逐渐扩大，每天完成阅读作业之后，再去读更多其他的内容。

　　这个习惯的培养也应是孩子自愿的，不能强制命令他去阅读，否则他可能连带对阅读作业也心生厌恶了。父母可以趁着他对阅读内容感兴趣的时候，向他提及扩大阅读范围的事，引起他对更多内容的好奇和兴趣，然后鼓励他拓展阅读，直到养成好习惯。当然，这个过程，妈妈可以做引领者——以自己的阅读带动孩子的阅读，如此，孩子也才更"自愿"。

口头作业——好好说话，不要敷衍了事

　　所谓"口头作业"，顾名思义，就是以口头表达的方式来完成的作业，包括朗读、复述、背诵、讲解、口头问答等内容。

　　在很多孩子眼里，口头作业有时候和阅读作业是一个"待遇"，也同样是"可有可无"的，可能背诵会被稍微重视一下，毕竟老师会抽查，但其他类型的口头作业，就真的很有可能被孩子主动"砍掉"。

　　其实这也同样是孩子的误解，口头作业看似是"说话"的作业，可是又并非"鹦鹉学舌"，更不是随便说说，不论是朗读、复述，还是背诵、讲解，又或者是口头问答，也同样需要孩子带着头脑来"做作业"。倒不如说，口头作业不仅考查的是孩子口、耳、脑的综合能力，更是在考查孩子的记忆力、思维能力。

有心理学研究也表明，一个人的口头表达能力如何，可以反映出他的思维品质。一些孩子"口跟不上脑"，知道什么意思却无法准确描述，以至于沟通不顺畅；或者"嘴比脑子快"，口无遮拦乱说话，引起他人反感，这就足见口头表达能力对孩子生活的重要性。

所以，口头作业其实也是给了孩子一个进行口头表达能力训练的途径，我们不如提醒孩子借此机会练习"好好说话"。

第一，关于朗读、背诵的内容。

在语文、英语作业中，最常出现关于朗读、背诵的口头作业。语言类的内容最需要的就是开口去说，朗读与背诵则给了孩子很好的开口练习机会。

父母应该鼓励孩子更认真地去对待朗读、背诵的内容，可以教给他一些朗读和背诵技巧，比如，要带着感情去朗读，带着问题去朗读，在理解的基础上去背诵而不是死记硬背，选择适合自己的背诵方法，等等。

不过，相比较可以对照书念出来的朗读，背诵完全脱离文字，靠着记忆力来还原内容，有的孩子可能会有抵触心理。

要给予孩子一些理解，在他背不下来着急时，父母不要比他还急，吼叫就更不行了，因为你的吼叫反而可能让孩子心生恐惧，原本记住的内容也忘记了。你的态度其实很可能影响孩子背诵的心态和质量，多肯定、多包容，尽量创造平静的背诵环境，缓解孩子内心的紧张，反而有助于他的背诵。

第二，关于复述、讲解、口头问答的内容。

复述、讲解、口头问答类的作业，往往是需要家长配合的，所以你的态度也会决定孩子这部分作业的完成效果。也就是说，当孩子在进行复述、讲解、口头问答一类的作业内容时，你要努力参与进去，不要心不在焉、似听非听。你越是认真配合孩子完成作业，他也就会越重视这部分作业。

而且，你可以在这个过程中教给孩子一些技巧，或者与他就一些问题进行沟通，让他从中学到一些表达方法。当你能够配合孩子完成这部分口头作业时，亲子关系也会在这个过程中得到进一步巩固。

由此可见，这一类的口头作业也具有其独特的重要性。

另外，你在配合孩子完成作业时，要多关注孩子的思维进展。比如复述，提醒他按照一定的顺序或逻辑去复述内容，可以给他一些示范或提示，引导他掌握更顺畅的复述方式；讲解，也可以从孩子的讲解中去感受他对知识内容的理解，并教他进行有理有据地讲解，以保证讲解前后的逻辑通顺；口头问答，一问一答的方式其实也考查了我们的问答能力，在这个过程中，我们也可以不断调整自己的表达来适应孩子的需求。

如果认真去做，口头作业也需要合理安排时间，比如背诵、讲解的内容，因为都涉及动脑记忆、思考，其实都会耗费一定的时间，所以要教孩子合理安排口头作业与书面作业的时间。比如，可以建议孩子把口头作业与书面作业穿插安排，一方面通过转换作业形式来让大脑得到休息，另一方面也可以通过不同的作业形式让做作业的过程变得更有趣。

实践作业——用心动手，真正动脑

实践作业，就是需要孩子动手操作或者将知识内容应用到实践中的作业。这类作业既可以巩固所学知识，又可以让孩子感受知识在生活中发挥的作用，让他的手眼口脑的综合运用能力得到进一步锻炼。

有的孩子会把实践作业当成是"玩耍时间"，因为很多实践作业的确需要一些实际操作，需要外出，需要用到各种各样的小工具，听来就很让孩子好奇，但也正是因为这种由好奇心引发的"玩耍心理"，使得孩子会忘记作业的本意，转而投入到任性玩耍之中。

虽然让孩子能够愉快地学习很重要，可是再怎么欢乐，作业也终究是作业，是带有一定学习目的的，不能只为了玩而玩。

比如，在科学课程中，老师可能会留下实践作业——去探查不同土壤的特点。要完成这个作业，孩子就需要分析作业的要求是什么，了解自己都需要做什么，根据教科书上的提示来完成一系列的动手操作，并在操作过程中去记录所观察到的内容，最后进行观察总结。不仅如此，有时候孩子还需要借助搜索来对自己观察到的内容进行拓展，完善这些知识。

也就是说，实践作业是一种需要"带着大脑用心动手"的活动，从这样的作业中，孩子要把自己所看到的、学到的知识真正转换为自己的财富。而且，这种作业中所涉及的种种动手操作对于孩子未来的生活、工作可能也会有很大的启示作用。

所以，对于这样的作业，孩子显然有更多需要注意的地方。那我们需要在哪些方面提醒孩子去注意呢？

第一，要尽可能亲自完成各种动手操作实践。

一般来说，老师布置的动手作业，是符合孩子自身行为能力的，而完成实践作业的主体也是孩子，所以尽量不要用"脏""不好做"等借口来阻止孩子亲自动手，尤其是有些妈妈，不要总觉得让孩子做这些事是浪费时间。我们改变看法，才能让孩子完整地体会到实践作业带给他的感受。

同时也要让孩子明白，这些操作他自己是完全可以做得到的，妈妈只要在他实在做不到、做不好的时候才给予一些有限的帮助。所以，他不能从一开始就把所有希望都寄托在妈妈身上，只有自己认真去做，亲自动手，才能真的从实践作业中有所收获。

第二，动手之前要先思考，从而保证操作的意义。

有的孩子只顾着动手，却忽略了诸多细节，最终虽然事情也做了，但可能什么都没记住，作业完成得也不好，这与只动手不思考有很大关系。

实践作业中的所有操作，需要进行思考，而非机械操作，所以要给孩子思考的时间，在他着急动手之前，先让他安静几分钟，去想想自己要做什么、怎么做，去设想一下自己即将做的事情可能会产生什么后果，同时也可以计划一下自己到底应该按照一个怎样的步骤去做，以免到时候手忙脚乱，待一切都想好之后，再按部就班地去动手。

第三，实践作业贵在真实，不抄袭，不编造。

实践作业会耗费一定的时间，有的孩子和妈妈可能更希望将大量的时间放在书面作业上，而且实践作业有时候也确实会很麻烦，如果孩子没有吃苦耐劳的精神，嫌弃动手操作的烦琐，就会想到用别的方法来直接获得作业"答案"。

比如，有的孩子会让妈妈帮自己完成，他只是记录一个结果或者干脆让妈妈帮自己组织语言来完善作业内容；有的孩子则会抄袭网上或者其他同学的作业内容，想着糊弄了事；还有的孩子则干脆就让别人代替自己做，自己只记录一个结果就算了，这种情况在小组作业中最常见……如果是做"实物作品"，有的妈妈除了各种代劳外，还会帮孩子在网上购买各种"半成品"，回家"拼接"后就"万事大吉"……

实践作业的目的是培养孩子的动手动脑能力，只有自己亲自完成，作业的意义才会显现，他也才能从作业中有所收获。而且，这个作业没有标准答案，或者说结果很可能会各不相同，因为不同的人操作手法总是会出现差异，而这也正是实践作业的特色。

所以，要提醒孩子注重真实性，告诉他做题和动手操作对于学习同等重要，不能顾此失彼。毕竟所有的知识只有真正被学以致用，真正在实践中发挥作用，才有存在价值，否则只是纸上谈兵或者死记硬背，孩子就真的成了死读书、读死书，这显然也违背了教育的初衷。

假期作业——提防出现"前松后紧"的情况

在很多孩子眼中，假期作业就是一个很矛盾的存在："假期"感觉是美好的，能够放松下来，可以做自己想做的事情，但"作业"是令人郁闷的，不能完全尽兴地享受假期，如果做不完作业还要挤时间"赶"。

但"假期"带来的兴奋要远大于"作业"带来的郁闷，于是相当多的孩子会更专注于去享受假期，对待作业的态度则是"假期时间那么长，明天再做也行"，假期作业就这样被一拖再拖。眼看着还有几天要开学了，这才手忙脚乱地开始补，每天的时间安排就和假期开始的时候倒了过来。

如果说假期开始时，孩子是非常放松的状态，那么假期快结束时，他就恨不得把一天所有的时间都拿来写作业，这就是典型的"前松后紧"。

所以每到假期快结束时，都能在网络上看到很多诸如"孩子哭着赶作业""动员全家帮忙补作业"之类的事例，令人哭笑不得。

可以理解孩子对假期的期盼以及美好假期对他的"诱惑"，但同样，也有责任帮助他成长，不能每次都是眼看着他"前松后紧"地过假期，最终做不好了就去吼叫训斥他，而是应该拿出一些更实际的帮助，来引导孩子真正改善自己对假期的态度和安排。

第一，提前在孩子内心建立"假期时间不混乱"的意识。

孩子一般就会提前知道假期即将到来，可能会早早就进入一种期待加兴奋的状态，那么趁这时候，我们就可以就"假期作业"这个话题来给孩子提个醒了。

比如，可以告诉他："马上要放假了，但也不要随便让时间浪费过去，如果你好好安排时间，每天把该做的作业做完，也不耽误玩耍放松，假期就会过得很充实快乐，也会很安心。"这相当于在假期到来前和孩子定好了合理安排时间的规矩，认真地和他讨论这个话题，他再想到假期时，也就会联想到合理安排时间这件事。有些更有心的孩子，可能立刻就会给假期定计划了，这正是你在假期到来前提醒孩子的目的。

第二，教孩子劳逸结合、灵活机动地安排好假期时间。

原则上讲，假期作业的安排都是比较合理的，每天都有作业可做，但又不会耽误其他事情。如果孩子能够进行合理的安排，其实假期作业并不是那么不堪重负。只不过，假期时间比较长，孩子总会有心生懈怠的时候，所以，怎么安排才能让孩子更舒服地享受假期并顺利完成作业，就是我们和孩子都要关注的问题了。

长假期的作业安排，应该做到劳逸结合以及灵活机动。孩子可以把假期作业做一个大致了解，然后进行分类安排，把大量的作业分派成每天做一点点的小量。不要把假期时间都排满，最好是留出几天可机动使用的时间。而在执行假期作业计划时，也不需要很死板，如果今天有学习的心情，多做一些也无妨，但如果明天的确有急事要处理，那么把当天的作业延后一天也不是不可以。不过，这一定是"非常态"的。

第三，不做孩子的"假期监督员"，要让他对自己负责。

很多妈妈感觉孩子放假了自己反而更累，因为要不停地催促他写假期作业，看到他疯玩就头疼得忍不住吼叫。这是典型的"假期监督员"，整日只顾着监督他，催促他写作业，提醒他不要忘记时间，要求他遵守假期安排……妈妈成了掌控他时间的人，他反倒因为依赖心理而成了"甩手掌柜"。

这样的安排当然是不合理的。你要让孩子对自己主动负责，从一开始就要提醒孩子，"怎么过假期是你自己的安排，所以你要自我监督，我不会过多干涉，如果最终出了什么问题，后果也要你自己承担"。提早告知孩子这些，给他自我思考的时间，就是为了培养他养成良好的假期习惯，以免最终埋怨他人，"自食恶果"。

家长作业——孩子及时通知，妈妈认真对待

关于"家长作业"，很多妈妈是比较纠结的，因为有的作业可能布置得不那么合适，不做的话孩子的作业完不成，但真正做起来

也的确占用了很多时间。还有很多作业要求家长监督、签字，甚至是批改作业，这也让很多妈妈开始怀疑、抱怨是不是自己代替了老师的职责。

尽管如此，我们还是不能只顾着去抱怨，还是要好好对待真正有意义的家长作业，以更好地做好家校配合，与老师合力对孩子进行更有效的教育。

所以，当老师布置了需要家长配合的作业时，孩子应该及时通知家长，而家长则要确认这些作业的性质，以认真严谨的态度参与到作业中去。

那么接下来，针对几种类型的作业，我们来看看应该怎么应对：

第一，听写、问答。

听写作业和问答作业是必须要有人配合才能完成的。一般来说，孩子的听写作业不会很多，占用十几分钟就足够了；问答作业也是如此，几道题的一问一答，主要检验孩子对当堂内容是否掌握。所以当遇到这样的作业时，你应该予以理解，认真与孩子配合，辅助他顺利完成作业。

关于这类作业，妈妈最常犯的错误就是随时提醒孩子"你写错了"或者"你说错了"，或者吼叫着"你怎么连这个都不会"。妈妈应该明白自己的身份——孩子作业的合作者，只执行为他听写、配合他问答的任务。至于说对错问题，可以简单提示，引导孩子再好好复习，唯独不要过分说教。

第二，手工、实践。

手工与实践作业可能需要我们专门腾出时间来做，根据作业的难易程度来和孩子打好配合，所以我们也要合理安排时间，配合孩子做好。

这类作业可能会触发的问题，在于你对自己的定位。有的妈妈一遇到这种作业，就会变身执行者——代替孩子完成，而让孩子专心去做所谓的主科作业。一旦遇到耗时长、步骤复杂的作业内容，有的妈妈还会认为学校或老师给家长增添了负担。

实际上，不论这类作业多么复杂、耗时，孩子都应该是完成作业的主体。不论何时你都只是辅助者，起到陪伴的作用，在孩子需要搭把手时给出一定的帮助，但具体怎么操作、怎么去获得结果、怎么将结果进行总结整理等都还是要孩子自己来完成。

当你能摆正位置，并以"陪孩子更好地了解知识"的态度来应对手工、实践类作业时，内心也会更轻松，孩子也能获得更多动手的机会。

第三，签字、反馈。

有的老师会要求孩子把做完的作业拿给家长签字，或者要求家长对于孩子的学习情况进行一些反馈。其实，我们可以把这类作业看成是家校沟通的一个桥梁。

之所以这样说，是因为有些妈妈对于这类作业感到不满，认为"老师这是把监督孩子学习的责任都推给了家长""家长要是能管了孩子的学习，还要老师干什么"。但实际上，如果你能换个角度来看待这类作业，可能就不会有这样令自己烦恼的想法了。

孩子的学习其实并不只是在学校里有所体现，回家之后作业完成得如何、有哪些问题，这些都是老师不能明确了解的，你的签字和反馈其实是让老师了解到孩子在家的学习状态，而老师通过这种反馈才能更积极地调整教学内容，给予孩子更合适的教育。

所以，对待签字和反馈，我们态度也要认真一些，认真地看看孩子学习的成果，而不是连看都不看就签字了事。如果感觉孩子的表现有问题，也可以反馈给老师，与老师一起想办法才能真正帮助孩子。

10

不吼不叫，

夯实让孩子成绩暴涨的写作业方法

孩子的作业写得到底如何，一部分原因是在他身上，而另一部分原因则是在我们身上。我们的合理陪伴对孩子写作业是一种辅助，反之，则是对孩子的一种干扰。所以不吼不叫，理性陪伴，才能真正夯实让孩子成绩暴涨的写作业方法，让他真的从作业中受益。

对低年级的孩子不妨试试"霍桑效应"

关于陪伴孩子写作业这件事，有些妈妈的想法显得有些刻板，不论是认定了"必须要陪"还是觉得"没必要陪"，都是太过绝对的想法。在这件事上，要不要陪伴其实取决于孩子，而并不在于我们的感受。

有些孩子，可能缺少了这份陪伴与关注，就不能全身心投入，就无法做到认真写作业，那么这时候，你如果坚决不陪，岂不是自己在给自己制造麻烦？尤其是很多低年级的孩子，自控力、专注力都还没有得到很好的发展，如果放任，最终会导致孩子写不完也写不好作业，你因为这个结果而愤怒吼叫，更会让孩子对作业心生排斥。

对于低年级的孩子，不妨试试心理学中的"霍桑效应"。所谓"霍桑效应"，就是当人们意识到自己正在被关注或者被观察的时候，就会刻意去改变一些行为或者是言语表达。放到写作业这件事上来看就是，当孩子意识到我们会对他写作业这件事产生关注时，他也许会改变可能出现的"懒散""不认真"的态度，转而专心去写作业。

"霍桑效应"带来的第一个启示就是，当我们给予孩子合理的、正常的关注时，他会变得更加专注，可以逐渐把自己的心思拉回到写作业这件事上去，假以时口，就会养成良好的写作业习惯与学习习惯。

这其中，显然是我们"合理、正常的关注"发挥了重要的作用。那么，怎样的关注才算是合理、正常的呢？

首先，这种关注不能事无巨细。

有些妈妈对孩子写作业这件事，真是处处操心、事事不落，小到孩子削铅笔，大到解答问题，真的是随时待命的全能机器人。这种关注有些过度了，孩子一旦习惯了这种依赖，以后你真是想抽身都抽不出来。

你对孩子的陪伴是要有边界的，不能全程紧盯，要适度"隔离"。比如你可以坐在孩子旁边，他做他的作业，你看你的书，这种陪伴可以营造一种学习氛围，让孩子知道你和他在一起努力，他就会很安心，很踏实，这样的效果要远好过对他事事操心。

其次，这种关注重点在引导。

你不能直接就去帮助孩子解决任何问题，而是要给出建议和意见，用一两句话来点拨和引导，让孩子自己去主动发现解决之道，鼓励他自己多思考。你的提示点到为止，可以给出范围性的建议，而不要直接点题和回答，这样，孩子就会从你这里明白"凡事应先动脑，求人不如求己"的道理。

最后，这种关注要安静平和。

陪伴孩子写作业，原本就需要创造一个安静的环境，所以你不要因为自己对孩子学习的过度关心而主动去制造杂音或混乱。不论孩子写得如何，你都要保持冷静，暂时收起急于管教的心。

而且，就算看到了错误，不论多么低级，你都不要表现得很纠结甚至是愤怒。要知道，低年级的孩子犯错这是必然，也正是这些错，才能让他们更快地学会正确的内容，所以犯错反倒是一件好事，你完全没必要因为这些错就压不住火。

就算你看出了问题，也不要急于提出来，等一等，等孩子全写完了，再去指出一个范围，让孩子自己去找错、思考并改错，这样的陪伴对于孩子来说才是有用的。

当然，随着孩子不断成长，我们还是要慢慢从陪伴中抽离出来，让他逐渐养成自己监督自己学习的好习惯。这也就触发了霍桑效应的第二个启示：孩子认为自己是什么样的人，经过努力，他就可以成为什么样的人。

我们慢慢地减少关注，减少意见和建议，减少对他提问的直接回应，多鼓励他"你自己可以做到"，提醒他"你已经发现自己可以很好地完成作业了"，让他学会自我鼓励，培养自信心，使他能够做到自我管理，尊重并满足他的独立要求，直到他完全脱离父母的陪伴，自主处理与学习有关的各项事宜。

把"写作业"的主动权还给孩子

在一些妈妈看来，孩子"写作业"这件事可谓"槽点多多"，先不说他可能会出现的粗心、注意力不集中、一知半解等各种明显的问题，仅就"写作业"这个行为的开启，就已经让很多妈妈觉得身心俱疲了。

比如，很多妈妈都经历过这样的场景：孩子回家后磨磨蹭蹭，喝水吃东西，对家里收到的快递、从超市买回的东西好奇不已，还可能在你眼皮底下就歪倒在沙发上看电视、吃零食、看漫画书、摆弄玩具……但唯独没有什么想要"学习"（写作业）的样子。

这一点让很多妈妈不能忍受，认为自己几十年前就是"回家立刻做作业"，或者认为"回家马上做作业"才是正确的行为，于是就会对孩子说："你怎么还不去做作业？"或者干脆直接喊出孩子的名字，后面接一句"写作业去"，斩钉截铁地命令，不容拒绝。有的妈妈还会"添油加醋"，说出诸如"你看看人家的孩子，进家就写作业""你怎么就这么不知道上进呢？写作业还得让别人催""还不快点写？你写不完作业，晚上就别睡觉了，到时候你可别怨别人"等类似的话。

然后，孩子可能会有所行动，翻书包、拿作业本，也可能会很不耐烦地回一句"我知道"，而这三个字，可能又会引发新一轮的抱怨，有的妈妈会很快接下去，"你知道还不赶紧的，就等着让我催吗？"

是不是很熟悉？但这样"一来一去"其实是一种错误的连锁反应，久而久之，孩子会习惯每次做作业都以"你来我往"的争论方式开场，从而形成思维定式，"只有妈妈催我了，我才动"。到头来，本应该是孩子自己的作业，反倒成了你的责任，一旦他某天作业没做完或者出了什么问题，那么他开口就是"谁让你不催我"甚至是"你怎么都不管我"。

学习这件事，永远都是每个人自己的责任、自己的事，孩子更是要从小就建立起这样的意识。所以你不能因为"陪伴孩子写作业"，就直接包揽本属于孩子自己的责任，而是要提醒孩子，把写作业这件事的主动权始终都牢牢攥在自己的手中。不妨这样来做：

第一，在孩子写作业之前定规矩。

没有规矩，是很多孩子或者说很多家庭都普遍存在的问题，孩子写作业这件事也一样，很多妈妈都是在看到孩子没有对自己作业负责时才想起来去教育，才压不住火去吼叫。

所以我们要有"超前"意识，要在事情发生前就定好规矩。比如，"从明天（下周一）开始，晚上回家要自己主动写作业"。如果孩子没经催促就主动写作业了，可以表扬他"立了规矩就执行，真棒""你自己记住了主动写作业，这个态度值得表扬"，但不需要夸大表扬力度，连着几次提醒、肯定与表扬，孩子自己自然也就记住了。

第二，多关注孩子对作业的态度。

关注孩子"写作业"，到底要关注什么？有的妈妈更关注孩子的"作业结果"，总是去挑剔他写的作业不认真、不仔细、又粗心、又犯错……然后才去纠正孩子的态度问题。但实际上，孩子对"写作业"这件事的态度、认知才导致了不如人意的作业结果。

要改变孩子作业的现状，就应该从他对作业的态度入手，也就是让他主动负起责任来，把这件事看成是个"事"，才会愿意主动去把这件事做好，态度正确了，后续的问题也就都好解决了。所以，不如多与孩子聊聊他对学习的看法和态度，纠正错误的、偏激的想法，鼓励他对自己的学习有正向的认识，这样一来，你和他都会轻松许多。

第三，真心信任与合理建议并行。

孩子对"写作业"应该有主动权，但你是不是真心信任他呢？是不是总会对他指手画脚呢？这两个问题的答案，决定了孩子的"主动权"到底有多大。你真心信任他，在恰当时候给予合理建议，他自然会掌控写作业这件事的主动权；但你若是仍有疑心，孩子会明确感觉到自己是不被信任的，他也就不愿意去掌握这个主动权了。

这就是心理学上讲的"信任效应"，你越是信任孩子，他就越朝着你信任的方向发展，就"好"给你看；你越是不信任他，那他就"坏"给你看。

所以，要给予孩子发自内心的信任，相信孩子会自我管理，相信他可以一点点越变越好，如果有问题，给出合理有效的建议，帮孩子变好总要比频繁指出他不好更能让孩子愉悦地去做事、学习、写作业……

彻底明白"陪伴写作业"的真正意义

如果你对"陪伴写作业"这件事感觉到了烦躁、不能忍、总想吼叫，这其实并不是孩子的问题，多半是你自己并没有意识到"陪伴写作"的真正意义，也就是你自己对"陪伴"这个行为尚且没有明确的认知，就只是按照"陪伴"的字面意思去直接行动而已，结果你从这个行为上感受到了不愉快，以及即便不愉快也不得不做的"纠结感"。

那么"陪伴写作业"这件事，其意义何在？

首先，我们是通过"陪伴"这个行为，来建立与孩子之间的情感联系。抛开其他的不说，陪伴这个动作本身是可以体现出你对孩子的关注，想要让他好好成长，所以陪伴本身是一件美好的事情。

其次，借助写作业这件事而产生的陪伴，是帮助你更多了解孩子真实学习情况的一个大好机会。因为上学后，孩子的大部分活动都在学校进行，他学了什么、学得怎么样，遇到了什么事、对他心情带来了怎样的影响，老师教得如何，整体学习氛围如何等情况，你多半都看不到，而陪伴学习、写作业的过程，就能让他的一部分情况得以显现。

最后，通过陪伴来发现自我。陪伴孩子的过程也是一个自我成长的过程，你会发现自己原来不能很好地控制脾气、不够尊重孩子、没有界限与规矩意识等问题，然后通过自己的表现和孩子的反应，及时调整自我，争取做一个更合格的教育者。

细细品味下来，陪伴孩子写作业这件事，终极目的并不是为了让你和孩子因为写作业这件事捆绑在一起，反而是为了让孩子和你都变得更好。

既然如此，就要根据这样的意义来重新调整自己的陪伴行为了。

第一，收起明晃晃的"陪伴目的"。

一说到"陪伴孩子写作业"，一些妈妈就差在脸上写上"我在陪你"这几个字了，有的妈妈会很明确地说"我就看你作业写成什么样子""我就看看你到底有什么问题"，这种监督式的陪伴，让孩子紧张的同时，却也很容易让他形成依赖习惯。

所以，不要给孩子压力，也同样不给自己内心增添烦恼。陪伴孩子写作业，你内心越是简单平静，反而越能有好的陪伴效果，不监督、不催促、不挑刺，安静平和，良好的氛围会让孩子放松，也更有助于他进入学习状态。

第二，将陪伴从"形式主义"向"自然而然"转化。

陪伴的终极目标是"不陪"，孩子应该逐渐养成自我监督的好习惯，做到自己主动，自我负责，同时我们也要自然而然地表现出关怀，在家中营造真正的母慈子孝的氛围。

可能最开始你需要和孩子坐在一起，形成一个近距离的、可感知的陪伴情境，但随着孩子逐渐养成好习惯，你就要慢慢从孩子身边离开，不再犹如摄像头一样对着他，最好是我们和孩子都能专心做自己的事，但只要他有问题，你就能予以回应，他也就会主动报备自己的学习进展到了一个什么程度。

这也就是我们应该实现的一个小目标，就是让这种陪伴从表面的"形式主义"逐渐向日常的"自然而然"转化，让学习与生活融为一体，彼此的关系变得更和谐。

第三，重视孩子改变的同时，更重视自身的成长。

从严格意义上来讲，你的"教龄"与孩子年龄是一样的，从头三年的喂养慢慢过渡到定规则、立规矩的教育阶段。

所以，你的教育能力并不能令自己更有底气，相对来说，陪孩子写作业可能是你离孩子学习比较近的机会，从孩子对学习的态度和表现，以及你的应对方式中，要发现自己的不足，意识到自己在教育这方面存在的问题，然后及时改进。

一方面你要帮助孩子从心态、行为上有所改变，另一方面就是要更重视自己的成长，因为只有自己成长了，才能发现教育的技巧、意义，注意到孩子需要怎样的教育，才能做出正确的应对策略，让孩子真正受益。

不因为作业问题去抱怨老师

遇到问题，很多人的第一反应都是"不是我的错"，第二反应则是"都是他的错"，接着就开始抱怨那个"出错"的人。可以说，这是很多人在这种情况下的一种必然反应。

于是在这种思维引导下，有的妈妈也会对孩子的作业问题如此应对。当孩子的作业出了问题，或者她感觉孩子的作业有问题，别的先不说，直接就会将问题的原因归结到老师身上，并进而开始抱怨老师。

比如，下面这位妈妈的表现就是这样：

妈妈发现上小学三年级的儿子每天写作业都要写到深夜，妈妈看他很辛苦，但也同时发现，虽然这么辛苦，他的学习成绩却并没有提高。

妈妈对老师很有看法，认为儿子每天因为写作业很晚才睡觉，第二天学习时自然没精神，如此循环下去，儿子成绩肯定会受到影响。于是妈妈便在家长群里联系老师，语带抱怨地询问为什么要给孩子留这么多作业，她认为"如果天天留这么多作业，孩子熬不下去"。其他家长看到后也纷纷质问老师为什么要留这么多家庭作业。

老师看到这些质问，经过一番调查之后，找到了原因。老师在群里发出了一张游戏截图，截图显示那个每天作业写到深夜的男孩，经常从晚上8：00开始打一个小时的游戏。那位妈妈一下子明白了，原来孩子正是因为沉迷游戏，才占用了正常的写作业时间，这才导致每天作业都写到深夜，而且游戏的存在也影响了他对学习的专注度，所以他的成绩并没有提高。

老师之后还解释说，老师们也都知道作业多会影响孩子休息，所以每次都是商量着给孩子留合适的作业。看到这里，这位妈妈才

明白是自己错怪了老师，并真诚地表示道歉。

这位妈妈毫不犹豫地直接质问老师，并不合适。不了解内情便直接下结论，不仅会掩盖孩子真正的问题，给老师的感觉也不好。有的妈妈还当着孩子的面指责老师和评判老师留的作业，更是对老师的不尊重。

若想让孩子能够正视作业、认真对待作业以及尊重老师，我们自己首先要树立一个好榜样，不妨这样来做：

第一，面对孩子的作业问题，先了解孩子的真实情况。

孩子作业遇到了问题，不论是错误太多还是没做完，首先要考虑到的应该是孩子自己的原因。比如，错误太多，是不是孩子对所学知识没听懂、存在漏洞？做不完，是不是他对时间的安排有问题，有拖拉、注意力不集中的问题？不会做，是不是孩子学习不得法没学会？先解决孩子自己的问题，然后再看他的作业效果，如果依旧无改善，再去考虑其他原因。

遇事"行有不得"，先去"反求诸己"，先找找自己的原因，解决自己内部的主观因素，如果主观因素没问题，再去考虑客观因素。

第二，如果真感觉作业存在问题，请与老师私下联系。

如果真的是作业留得太多、难度太大，你也不要直接当着孩子的面抱怨："你们老师怎么能留这么多作业？""你们老师真懒，就靠留作业让你们学知识""这个老师是不是有毛病？留这么多作业，孩子们真是可怜！"这类的话都是不合适的。当然，像前面那位妈妈那样直接在群里质疑、指责老师也是不妥当的。

正确的做法应该是私下与老师沟通，可以表达自己的想法，但言语间一定要保持尊重，不要有质问、责备、抱怨的语气，毕竟老师也是普通人，也同样有情绪，你态度平和，老师也会心平气和去解答的。

对待孩子，你可以安慰他，肯定他认真对待作业的态度："你这么认真，很好，这些作业你尽力完成，老师也很辛苦，妈妈会和老师聊一聊。"你要表现出对老师的尊重来，那么孩子才会从你的态度中明白自己到底应该怎么做。

第三，不只是作业，在学习上也要有良好的尊师态度。

对老师产生种种疑问，不只是在作业这件事上，只不过作业可能会是一个最容易被发现的窗口。孩子还可能会因为老师讲课的方式、对待某些人或事的态度、对待他的态度来对老师心生不满，那么这时你都要在理解孩子的基础上来引导他学会尊师。

你不能顺着孩子的情绪一起去吐槽老师，而是要给予老师最起码的尊重，以此来纠正孩子这种只顾自身利益而将尊重丢于一旁的错误态度。适当地给他讲讲自古以来的尊师美德，让他意识到尊师是一种非常重要的美德，与孝亲同等重要，并将他对学习的关注点从老师身上重新拉回到学习本身，让他更在意知识学习，而不会因为对老师不满就迁怒于学习。

给孩子作业签字的原则——理性、认真

　　给孩子的作业签字，可能是我们参与孩子作业的最常见的一种方式。前面也提到了这样的内容，签字也可以被看成是家长作业的一部分。

　　对于这份"作业"，很多妈妈可能都持有各种不同的看法。

　　有的妈妈认为，"给孩子作业签字，就是为了看家长是不是关心孩子的学习，是有必要的"；有的妈妈认为，"孩子写作业还得家长签字，签了字有什么用吗？就是老师把责任下派给家长了"；也有的妈妈认为，"签字就是走形式，孩子学习好不好，签个字就能看出来了？多此一举"。

　　关于作业签字，的确存在很多不同的声音，但是它既然存在，既然会被老师当作要求，那它就有存在的理由，更有存在的意义。

　　如果你要签字，就需要翻看孩子的作业，在翻看的过程中，会对他近期的学习情况有所了解，学了什么、学到了怎样的程度、有什么问题存在，这些都可以从作业中反映出来，你可以借此了解孩子在校的情况、学习上的问题以及情绪的变化，这些全都是透过"签字"而获悉的，由此你会获得孩子在自己看不见的地方的情况，直观而真实。

　　而且，你的签字，对孩子的作业也会起到一个督促的作用。如果你愿意认真签字，并愿意多写上几句话，就等于获得了与老师交流沟通的机会，更有利于老师教学的顺利开展，也更有利于孩子下

一步的学习。

所以，我们要理性、认真地看待给孩子作业签字这件事，并遵守理性、认真的原则去完成这项看似简单实则很有意义的工作。

第一，要让孩子愿意拿作业过来给我们签字。

有的孩子并不喜欢把自己的作业拿给父母签字，于是就有了"模仿爸爸妈妈的笔迹签字（歪歪扭扭不说，不会写的字居然还用拼音代替）""找他人代签"之类糊弄了事的做法。对于孩子这种"造假"的行为，有的妈妈感觉自己受到了欺骗，会忍不住吼叫，但实际上，我们反倒需要冷静下来想想他为什么会这么做。

有的妈妈可能对孩子的学习极为不满，会经常挑刺，于是孩子为了逃避吼叫责骂，就会选择自己处理签字的问题；有的妈妈则可能对孩子无暇顾及，觉得签个字都是麻烦事，那么孩子也就觉得自己不能"讨人嫌"，干脆自己解决。可见是你的态度影响了孩子对签字的认知，也只有改变自己的态度，才能让孩子更心甘情愿地拿作业过来签字。

所以，我们应该好好调节一下自己的情绪，更理性地看待孩子的学习，对于他当下的成绩或者作业情况，多进行一些沟通了解、多提供实际的帮助，少一些吼叫抱怨，我们平静温和地对待孩子，孩子自然也会愿意放下心来把自己真实的表现展现给我们。

第二，真的认真看过孩子的作业之后再签字。

签字应该是一项需要认真对待的行为，而不能不管不顾地只想着签字了事。你要带着一种想要了解孩子当下学习情况的心态去看待他的作业，认真翻阅之后再落笔。

因为孩子的作业正在很真实地反映他学习的情况，所以你在审阅的过程中，要保持理性，管住自己的脾气，不能因为稍微有点错就吼叫，不要动不动就说"你怎么这么粗心""你怎么连这个都不会""你整天都学了些什么""看你就是不用功""你看看别人写的字"之类的话。孩子出错是正常的，有错才能暴露出他学习上的问题或漏洞，才能指引我们更快地帮他纠正，从而成长进步，所以这反而是一件好事。

当然，对于孩子全答对的作业，你也要理性肯定，不能上来就是"这么棒啊，一道题都没错，你可真是个好孩子"，这种"表扬"会让孩子变得"唯正确论"，甚至会觉得只要全做对，就"一好遮百丑"，从而不利于他成长。你要肯定他的努力，"通过这个作业，我发现你学习真的很努力，我很开心""看得出来你很用心，相信你以后会做得更好"，这样表达会让孩子感觉到真诚，你签下的字对他也是一种正向激励和认可。

第三，给孩子签一些有内容的字而不仅仅只是一个名字。

最常见的签字内容就是家长的一个姓名，这只表明你知道有签字这回事，而不能表明你已经仔细看过孩子的作业，更无法体现你对他作业的态度。

签字体现的是你对孩子学习的关心，理应珍惜这个可以和老师交流的机会。签字时，你可以发表自己的感受和看法，提出自己的意见和建议。通过你的反馈，老师也可以知晓你对孩子学习的态度，以及孩子在家中的学习表现，进而调整教学方式，这无疑有助于孩子的学习。所以，不要放弃这个大好的交流机会，你越是认真对待签字，就越能理解老师，也越能得到老师的理解，从而和老师做好配合，更好地对孩子施以有效的教育。

不要在作业过程中制造"蝴蝶效应"

心理学中有一个"蝴蝶效应"，说的是，"一只南美洲亚马孙河流域热带雨林中的蝴蝶，偶尔扇动几下翅膀，两周以后，可以在美国得克萨斯州引起一场龙卷风"，简单来说就是，一个微小的变化，可能引起一连串巨大的连锁反应，最终影响事物的发展。

在孩子写作业的过程中，一些妈妈就在不经意间制造"蝴蝶效应"，可能当时不觉得说出某一句话、某一次的吼叫有什么不妥，甚至会认为"当时情况就只能有这样的反应"，结果你的话或行为却给孩子内心留下了阴影，或者导致他对自己产生误解，进而在未来的学习或其他事情上，引发更多的问题，导致不可估量的结果。

比如，孩子的作业写得比较潦草，妈妈一气之下说他"字写得歪歪扭扭，字如其人，你人也不怎么样"，你以为自己是一时气话，但孩子很可能就会将这些话记在心里，难过郁闷，索性破罐子破摔，就是不好好写字，学习也随之不再上心，结果只因为字写得潦草最终却导致学业停滞不前。

这就是"蝴蝶效应"所带来的让人意想不到的后果。

虽然事物的发展都有其固有规律，但是这些规律也讲求一个因果，一句话"扇动了蝴蝶翅膀"，相当于建立了一个坏因，那么后续经过一系列发展得到恶果也就不足为奇了。

所以，要小心这种"蝴蝶效应"的出现，在陪伴孩子写作业过程中，时刻注意自己的言谈举止可能带来的不可控的影响。

首先，只关注眼前的问题，不涉及后续的"预测和判断"。

一些妈妈最常说的一个句式，就是"你现在不怎样怎样，以后就怎样怎样"，仿佛她们都有"通天眼"，从孩子眼前的一个微小举动，就能马上很确定地看到他未来的发展。

但其实，这样的说法只不过在显示妈妈自己的焦虑与无措罢了。孩子不过是写个作业，与之有关的问题都并非不可解决，擅自放大问题并引发孩子的恐慌，甚至让自己也变得更生气，何苦呢？

中国有个成语叫"心想事成"，心怎么想，事就怎么成。如果你总是这样引导孩子想象他的未来，他一旦真的破罐子破摔，我们才真的会欲哭无泪呢。这也是前面提到的心理学上的"自证预言"。

所以，不要动不动就吼叫孩子"你以后……"，孩子未来的人生无法预测，需要他自己一步步走，与其想当然地想象未来，还不如鼓励他脚踏实地，在当下多付出努力，就能获得想要的结果。

其次，多提供方法和建议，少进行评价与指责。

很多妈妈总是在对孩子当下出现的结果进行评价，且全都是负面的评价，并不"吝啬"使用什么不好听的话语，但其实不过都是在发泄情绪。

当下结果已出，再怎么评价也不能改变事实，那为什么还要如此纠结呢？孩子的作业问题已经如此了，再怎么批评，也就只是在评价这个结果，他依然不知道该怎么办，或者说孩子知道自己做得不好，并不需要我们再没完没了地强调这个事实。

正确的做法是，要针对这些问题给出实际可操作的内容，教他怎么改变，这样孩子才能从你的批评建议中获得实质性的帮助，他才会知道接下来应该怎么办。

最后，和孩子一起种下好因，并一起向着好果的方向努力。

蝴蝶效应往往会引发不好的结果，我们要努力避免制造类似的扇动，同时也要引导孩子建立好因，结下好果。

要鼓励孩子正视学习，理智对待作业，不怕遇到问题，勇敢面对和解决问题，你要提供更实际的帮助，以及更成熟稳重的姿态，和孩子一起种下这样的"好因"，就是在阻止蝴蝶扇动翅膀。当你和孩子都能一步步沉稳地为了"好果"努力时，相信未来一定不会让自己失望。

你是不是正在做孩子作业解答的"工具"？

孩子写作业遇到问题后都会习惯性地先问妈妈："妈妈，这道题是什么意思？""妈妈，这道题怎么做？""妈妈，我不会，你快告诉我！"孩子之所以如此自然地表现出这个习惯，其实与他一直以来的生活、学习习惯不无关系。

在低年级孩子眼中，妈妈一直都是一个很万能的存在，而之前的求助，妈妈可能都毫不犹豫地伸出了援手。所以再遇到问题，孩子还会跟以前一样，想直接从妈妈这里获得直达结果的帮助。对于孩子学习方面的求助，有的妈妈依然不能从自己最初的"完全性保护者""全方位解答者"的身份转换过来，所以同样习惯性地予以解答。一次两次，孩子这种动不动就寻求帮助的习惯也就被延续了下来。如果妈妈并没有注意到这种做法的不恰当，久而久之也就成了孩子作业解答的"工具"。

这个"工具"并不是什么好角色，孩子一旦习惯了依赖，就再也不愿意自己主动动脑，在家写作业可能还有人帮忙，可是在学校的学习就不一定了，遇到考试，他将更加不知道该怎么办。我们不能将陪伴变成"抑制"孩子大脑发育的过程，陪伴的目的是为了让孩子在学习上能够端正态度、寻找方法、自发主动，所以我们也要及时发现自己并不合适的习惯，及时更正。

首先要更正的就是态度，要丢掉"孩子需要我帮助，我怎么能不管"的想法，对他的求助并非一定有求必应。要提醒自己，"我并非答题机器"，在孩子又过来询问那些经过他自己思考或者努力就能得到答案的问题时，你就要收一收可能脱口而出的答案。

此时可以提醒孩子，"我陪你写作业，并不能帮你做题，作业是你自己的事，我只是出于关心，看看你的学习情况，除此之外我不能给你直接的帮助"，同时也要鼓励孩子，"作业都是你当天学过的知识，所以你自己思考过后是可以解决这些问题的，我相信你可以做到"。当然对于自信心不足的孩子，在他独立解决问题之后，要肯定他的努力："你看，你自己也能做到，这代表你学会了知识，你有了进步，我很开心。"

当你尊重并鼓励孩子保持自主性，孩子有很大概率会受到鼓舞，会逐渐愿意自己去尝试。那么接下来，你就要继续巩固他的这种自主性。

除了继续鼓励孩子，你也可以从自身发力。孩子对于专注、自主这样的行为可能并不能深刻理解，那你就用自己的实际行动来给孩子做出最好的诠释。在孩子写作业时，你也可以拿本书看，也可以同步安排自己的学习时间，彼此互不干扰。尤其是在遇到问题时，你对问题的处理，可能会带给孩子很多启发。当然，在日常生活中，你也可以安排自己的学习内容，孩子会从我们所营造出来的学习氛围中有所感悟，有时候他可能还会来询问"妈妈，你在干什么"，趁着这个机会告诉他你是怎样进行自主学习的，这也是一种很好的教导方式。

通过你这种主动学习的行为，让孩子意识到，自主学习、自主解决问题，才是学习的最主要打开方式，而非遇到问题就求助。

当孩子知道要自主学习了，那么遇到问题应该怎么做呢？这里面的具体操作也要教给他。

比如，遇到不会的作业题，先去找教科书上的相关内容，去看看当天学过的知识，回忆一下老师讲解的知识点，然后再对照问题来尝试解答。这样做了之后，如果依旧不会，可以求助，但并不是来获得答案，而是要从对方那里获得解决问题的思路，然后同样要通过自己的思考去解决问题。另外，也要教孩子一些网络搜索、查询方法，来帮助他更好地解决问题，但同样，搜索查询也不是为了获得直接的答案，重点还是学习解题思路。

不过有时候情况可能很着急，比如孩子需要马上写出一个词，时间紧迫，但他不会写，此时你直接告诉他就比让他"查字典"要贴心得多。还有一些问题，虽然你当时直接给出了答案，但过后还是要教他怎么思考、怎么找答案。总之，在学习初期，最好让孩子形成一个印象，那就是"遇到问题自己想办法解决才是合适的，适当求助只是一种辅助方法"。

重视培养孩子的高效"搜索力"

我们总说"学无止境"，所以要求孩子学习越来越多的知识，掌握越来越多的能力。但是，这就是学习的全部吗？

答案当然是否定的。

如果在需要的时候不能把知识拿去应用，那它们就只不过是被放在孩子大脑中的一个"库存"。孩子若找不出来，其实也等同于没有学会甚至于是没有学过。

有人可能会说，一时想不起来，那就借助其他途径寻找答案啊！话虽没错，但对于有的孩子来说，他并不知道应该从何搜寻，不知道应该怎么利用工具，知识就摆在那里，但他却完全找不到通往那里的路。

由此可见，在孩子所学知识越来越多的情况下，他还必须要具备一个技能，那就是"搜索力"，而且还是高效的搜索力。

这种高效的搜索力，显然体现在一内一外两个方面。

对内搜索，就是孩子要具备一种快速调取脑内知识的能力，遇到什么种类的问题，要能快速地搜索并调取相应的知识来应对。这类搜索及使用知识的能力在生活中十分常见，比如，遇到了不会说汉语但会说英语的外国人来求助，孩子要调取的就是英语对话能力，实现有效沟通；在购物时遇到打折或优惠等价格比较，他要调取的就是数学中的百分比计算能力；出门去一个地方，他要调取的就是自然地理知识，该如何辨别方向，如何安排合理的路线；等等。

对外搜索，则是灵活选择及使用搜索工具快速查找自己所需的能力，不论是在学习还是生活中遇到了问题，如果一时不知道或者想不起来该怎么办，孩子要知道可以去哪里以及怎么寻找答案，不论是查阅资料、翻阅书籍，还是借助网络，登陆各种平台，又或者是向相关人员询问求助，这些都是向外搜索可能会用到的方法。

由此，培养孩子高效搜索力，需要从两个方向来入手。

对内搜索，可以这样来做：

第一，提醒孩子牢记各种知识。

脑内搜索能否有效，主要取决于孩子大脑中装了多少东西，知识越丰富，才越有搜索的价值，否则脑内空空，想搜都搜不到。所以不论怎样，孩子的自我学习非常重要，学到的知识都要牢牢记好，才能在想要搜索的时候"有物可寻"。

第二，引导孩子进行积极的自我暗示。

遇到问题时，孩子若满脑子都是"我不会，我需要帮助"，那不论学多少知识都没用，但如果他能想到"我自己可以解决这个问题"，就会主动调取自己大脑中的知识，他的那些知识才能真正发挥作用。我们要在平时多鼓励孩子，提醒他"你已经学到了很多知识，遇到问题自己先思考，多半都能找到答案、自己解决"，让他对自己树立信心。

第三，教孩子精准调取大脑中的知识。

问题当前，有的孩子可以快速找到相应的知识点，分析思考得出答案，但有的孩子就是想半天，也考虑不到点子上，这就是大脑知识脉络是否清晰的区别。要提醒孩子，对所学知识进行分类记忆，知道自己都学了什么，知道这些知识都可以被用在什么地方，提前分好类，到用的时候就能像从分格工具箱中拿工具一样方便了。

对外搜索，要提醒孩子注意这些要点：

第一，带着目的去搜索。

这一点其实包含两层意思，第一层意思就是孩子要知道自己为什么去搜索，是要去解决一个他不知道的问题，而不是去随便散漫地浏览翻看网页；第二层意思则是孩子要有针对性地去搜索，只看与问题相关的内容，不关注与此无关的内容。

第二，掌握不同搜索方法。

孩子应该学会查字典、翻阅参考书或资料，学会使用网络搜索引擎以及使用关键字（同义词）搜索，学会有针对性的提问。这些方法彼此之间并不存在冲突，孩子要根据自己所需要解决的问题，以及当下的环境，来灵活选取一种或综合几种方法来搜索所需内容。

第三，不对答案死记硬背而是进行分析思考。

很多问题其实并不是那么简单的是非题，面对搜索而来的答案，孩子不能死记硬背，也不能只是知道了就行了，而是要多分析思考，判断问题与答案之间的逻辑关系、线索思路，将知识灵活记忆，举一反三，这才能体现搜索答案的价值。

让孩子自动自发写作业的根本智慧

前面，我曾提到过"穿越理论"。如果真能实现时空穿越，当你穿越到未来，再回头看看现在孩子的作业问题，你会不会觉得"对这样一个小孩子犯的这些小错误，我又何必如此较真儿"；当你穿越到过去，回到孩子刚出生的那个时间点，你是不是能找回自己的初心，"我当时只是希望他能健康快乐过一生"。很多时候，你对孩子的教育既要细化到诸如写作业这样的小细节上来，也要放大到漫长的人生之路上去。

那么放到写作业这件事上，从近期看，写作业不过就是学习中的一项小任务，孩子认真地完成就可以了；从长远来看，它也的确会关乎日后学习的进展，孩子对作业的认知、态度，都可以影响他整体学业的发展。从这一点来看，显然你也不能把目光只投放在眼前这一点小事上，除了脚踏实地地走好眼下的路，也要对未来充满希望、进行规划。

你可以利用这样一个切入点，让孩子自动自发地写作业。如果你能够发掘这样的智慧并很好地利用起来，相信孩子和自己都能收获满满。

首先，永远不要忽视习惯的重要性。

古代伟大的教育家孔子早就提醒过世人，"少成若天性，习贯（惯）如自然"，可见家教、幼教，对于一个人最终能否成才真的有很大的影响。永远不要忽视习惯会在孩子一路成长过程中发挥的重要作用，好习惯总是会让你看到成长，坏习惯也总是会让你焦头烂额。

一位妈妈就讲："在孩子写作业这件事上，我就认准了一点，那就是要养成好习惯。当我的孩子坚持几百天一天不落地每日读书时，我就知道他已经养成了习惯；当我的孩子能够不需要我催促，自己主动写作业、整理作业的时候，我也感受到了习惯带给他和我的轻松感。"

孩子自动自发写作业靠的是什么？从无到有的好习惯在其中足以占一席之地。习惯了每日学习，习惯了完成任务，习惯了面对问题，习惯了思考并努力解决问题，那么他就不会对作业有任何抵触，也不需要他人的干预。而这种习惯也将由此拓展开来，他学习的其他内容、生活的各个方面、人生的种种机遇，都因为这样的习惯而产生良性的连锁反应。

其次，做好自己，行胜于言。

孩子写作业或者说学习这件事，主体是他自己，但影响他的核心却是我们。你不能否认自己对孩子的深远影响，你的言行举止，对事物的看法，解决事情的方式，处理情绪的状态，都能在孩子身上找到影子。

教育孩子也是不断将自己的问题展现出来的过程，但这绝对不是我们惩罚自己的过程，不能说孩子表现不好了，我们就自我折磨。没错，吼叫对于每个人来说，其实也都是在折磨自己，毕竟，妈妈要有多难以忍受和疼痛的内心才能说得出那么难听的话，并吼得自己浑身无力、心跳加速。

最好的方式是什么？是行胜于言，做好自己。你努力、积极向上地去看待问题，多思考方法而少发表评价，消化了情绪保留了智慧，孩子会从你身上感受到你的任何一丝变化，然后他也会跟着你一起发生改变。

"父母好好学习，孩子天天向上""孩子是父母的复印件，父母是孩子的天花板""如果孩子有起跑线，可能就是父母的远见""改变孩子，从自己做起""教儿教女先教己"……这些理念都非常有道理，它们都有一个明确的指向——父母。所以，我们要好好做自己，给孩子做更好的榜样。

再次，始终相信"办法总比问题多"。

因为陪伴孩子写作业而崩溃的人，其实是败给了自己，而不是败给了问题。因为事实真相是，没有什么解决不了的问题！毕竟这问题都是人自己造成的，"解铃还须系铃人"的认知，足以让我们明白，办法总是会有的，且如果你愿意思考，只要思想不滑坡，办法总比问题多。

你积极向上的态度会让孩子也对自己充满信心，当他被带动起来，便也能心生自信，再面对作业的时候，他也会跃跃欲试想要去挑战种种困难的。当我们不因为困难而抱怨、指责的时候，孩子也就不会认为"困难是不好的东西，我想躲开"。

重要的是，孩子也会从你这里建立起"我总能想到办法"的自信，这对他勇敢面对作业难题、学业困难以及人生沟坎真是太有用了。

最后，和孩子一起"立志而行"。

为什么要写作业？为什么要学习？为什么要前行？因为要成长！如何才能成长？回答这个问题多则数千言，少则两个字——立志。明代思想家王阳明先生曾说："志不立，天下无可成之事。"可见立志之重要。

良好的志向会引导孩子对这些问题进行更积极正向的思考，这无疑会让他的目光放得更长远，心胸也会变得更开阔。他的内心会因为这个志向而有一个根，根基在，其他事情也就不会轻易动摇他，这就是一种信念所在，那么不论出现多少问题，也就都不会让他感觉难以跨越了。

对孩子来说，当下最"靠谱"的志向是什么？比如，"读书志在圣贤，志在君子，志在为社会国家做力所能及的贡献，志在做一个孝亲尊师的孩子，本分做人，安分做事"，这就是孩子可以许的志向。圣贤君子志，是人生的最好引导，若是立定这样的志向，孩子的言行举止自然妥帖得当，自然会"博学、审问、慎思、明辨、笃行"。再回头看写作业这件小事，孩子也就自然能够因坚定的志向而做得更好。

而对于我们来说，即便成年，也一样可以立志向，做一个好妈妈、好爸爸，做一个可以被孩子看成是榜样的人，进而也向圣贤君子学习，这都是我们可以为之奋斗的理想。孩子立了人生志，我们也可以借此让人生再次实现成长，这是皆大欢喜的事，不是吗？

古人非常重视立志，因为"学贵立志"。一个人只有在最初立定志向，有一个明确的奋斗目标，才不会走弯路，才会有笃定前行的不竭动力。

所以，一定要给孩子正确的引导，要让他明白，只有立定正确的志向——圣贤君子志，将来才能有所成就，才能做一个对家国天下有用的人。

晚清重臣曾国藩先生曾指出，"不为圣贤，便为禽兽"，他对自己就是这样的要求。在未来社会，要想有更大的担当与成就，一定要有一个强大的使命感、一个伟大的志向。

有人可能会说，这志向太高了，达不到啊！没关系，古人也说："取法乎上，仅得其中；取法乎中，仅得其下；取法乎下，了无所得。"意思是，取上等的目标为准则，也只能得到中等的。所以，还是要放宽视野，定高目标，才能取得令自己满意的成绩。"虽不能至，然心向往之"，虽然可能达不到那种高度，可是心里却一直向往着，也就慢慢离得近了。

如果做好了这件事，孩子写作业、学习，甚至是未来的工作、生活，都会轻松很多，也会少走很多弯路。因为这是"道"，其他内容更多的是立竿见影的"术"，术道结合，效果会更好！要坚信这一点！